U0084741

傅培梅 著

作　　者　傅培梅
編　　輯　錢嘉琪
封面設計　劉錦堂
美術設計　吳慧雯、曹文甄

發 行 人　程顯灝
總 編 輯　呂增娣
主　　編　翁瑞祐、羅德禎
編　　輯　鄭婷尹、吳嘉芬
　　　　　林憶欣
美術主編　劉錦堂
美術編輯　曹文甄
行銷總監　呂增慧
資深行銷　謝儀方
行銷企劃　李　昀

發 行 部　侯莉莉
財 務 部　許麗娟、陳美齡
印　　務　許丁財
出 版 者　四塊玉文創有限公司

總 代 理　三友圖書有限公司
地　　址　106台北市安和路2段213號4樓
電　　話　(02) 2377-4155
傳　　真　(02) 2377-4355
E-mail　service@sanyau.com.tw
郵政劃撥　05844889 三友圖書有限公司

總 經 銷　大和書報圖書股份有限公司
地　　址　新北市新莊區五工五路2號
電　　話　(02) 8990-2588
傳　　真　(02) 2299-7900

製　　版　興旺彩色印刷製版有限公司
印　　刷　鴻海科技印刷股份有限公司

初　　版　2017年07月05日
一版二刷　2017年07月18日
定　　價　新台幣350元
ＩＳＢＮ　978-986-95017-0-5（平裝）

國家圖書館出版品預行編目 (CIP) 資料

五味八珍的歲月 / 傅培梅著 . -- 初版 . -- 臺北市
: 四塊玉文創 , 2017.07
面；　公分

ISBN 978-986-95017-0-5（平裝）

1. 傅培梅 2. 臺灣傳記
783.3886　　106009877

植劇場《五味八珍的歲月》監製 王小棣

植劇場《五味八珍的歲月》導演 徐輔軍

Canon

推薦序

擁有動人故事的台灣美食

傅培梅女士走過戰亂流離的年代，
在物質艱困的儉樸生活裡，
用自己的勤奮智慧和一種應該是美德所加持予她的大氣和堅韌，
打出了一個亮麗的「台灣品牌」。

監製 王小棣

這《五味八珍的歲月》裡有一個可愛的第一課：包水餃。都是來自東北的新婚年輕夫妻，先生為太太包出差勁的水餃不悅離桌，不難想像初嫁的自尊、傳統倫理的壓力，乃至於往後夫妻相處之道，都和這一盤寄予了離鄉愁情的水餃一起放上了檯面。

傅培梅女士走過戰亂流離的年代，在物質艱困的儉樸生活裡，用自己的勤奮智慧和一種應該是美德所加持予她的大氣和堅韌，打出了一個亮麗的「台灣品牌」。讀到她一個外省人卻跟許多本省長輩一樣受的是日本教育，一向自認國文基礎不好，禁不住驚訝地屏息了半晌。但歷史帶來的四面八方、千辛萬苦不就是台灣最動人的故事嗎？

現在台灣的美食享譽國際，接收了那一代苦難與奮進的成果，卻常常說「台灣市場太小」而畫地自限、困坐愁城的我們，真的要加油啊！

推薦序

傅老師的精神教我學會料理

在我遇到所有的挑戰時，都會想起她的精神，
要做就做到最好，
無論多麼艱難，也要努力去試。

主演　安心亞

當我知道要飾演傅培梅老師這個角色的時候，我大叫，覺得不可思議，到底我是哪個點被選中，我既不會做菜，連刀都不會拿，甚至優雅都沾不上邊，但對我來說是個驚喜，我可以挑戰自己。不過我又開始想，做菜那麼難，我真的可以嗎？於是開始看傅老師的影片，壓力又更大了，她是如此的從容，面對一切的程序，不疾不徐，做菜的功夫更是不用講了，我心想，完了，這也太難了吧！

我開始看這本書，去認識、了解傅老師，她的心路歷程，讓我佩服不已！同時也去程安琪老師那開始學做菜，學了一兩次，便回家把想學的菜步驟整個演練一次，本來不大有信心，但是我想到了傅老師的精神，於是給了我很大的鼓勵，當我吃了一口熬出來的燉肉之後，竟然接近安琪老師做的味道（我覺得啦），媽媽吃了之後頻頻稱讚，讓我好有成就感，原來做菜真的不難，重要的是有沒有心。

我很幸運演到這個角色，讓我更深入認識傅老師，在我遇到所有的挑戰時，都會想起她的精神，要做就做到最好，無論多麼艱難，也要努力去試，往後想起不會後悔，去面對所有的困境！

這本老師的自傳，真的很值得一看，讓她的精神也給你們一些鼓勵吧！

推薦序

感受料理中的溫度、回憶和愛

傅培梅老師的堅持和努力是那樣動人，
她的熱情是那樣有渲染力，
讓身邊的人無不感到敬佩。

主演 孫可芳

再一次讀完這本書，是在《五味八珍的歲月》改編拍攝而成的電視劇正式殺青後，我坐在客廳的地板上，眼淚不聽使喚地一直掉下來，書中的傅培梅老師，我來不及與她相遇，但心中卻覺得彷彿已經跟她認識好久好久了。

一直記得初收到試戲大綱的那天，當時還很失敬地對「傅培梅」老師這個名字感到異常陌生，更一度以為那會是一個描述革命女烈士的故事；開始閱讀劇本大綱後才知道，原來是一位美食教育家如此精彩的人生故事，而我以為是革命女烈士的傅培梅老師，除了是極為著名的電視前輩，更是當時家家戶戶無人不曉的烹飪專家。看了大綱後很是心動，又一向對「吃」很有興趣的我，立刻買了這本書回家看，看著書中跳出來的傅老師栩栩如生地、熱情地邊說話邊煮菜，想像著她沒日沒夜苦練廚藝的模樣，看著她不辭辛勞地抄寫著料理筆記，為了美食揮汗教學，為了「拋頭露面」創業努力，若真要說她是革命女烈士，徹底開創了美食料理界的局面，也實在不為過。

開拍前的準備階段，我們去程安琪老師（傅培梅老師的大女兒）家上了幾堂料理課，安琪老師跟書中的傅老師一樣給人開朗又有活力的感覺。忙了一整個上午，安琪老師端出一道又一道書中提到的料理，色、香、味俱全，我吃得津津有味的同時，也一直想起書中那位積極、有活力的傅培梅女士。在安琪老師家除了學煮菜以外，我的眼睛更是咕溜咕溜地看個不停，看著櫃子裡收藏著各地的美酒，想起書中那個愛旅行、敢冒險的她，看見滿牆的家庭合照，想起那個喜歡攝影、拿著照相機記錄生活的她，傅培梅老師的模樣，在這本書裡、在我從網路搜集來的影片中、在劇本裡、在我心中，越來越鮮明，也越來越真實。

在劇中我飾演的「阿春」，是傅培梅婚後的家庭幫傭、是她學做菜時的助手、是她生活中的好夥伴，雖然阿春是從劇本中虛構出來的人物，但我卻不斷地從這本書中看見阿春的影子；阿春是傅培梅的兒女、媳婦，阿春是傅培梅親如家人的好姊妹們、徒弟們，阿春在傅培梅人生的不同階段中陪伴她，然而從她身上得到的、學會的卻更多。傅培梅老師的堅持和努力是那樣動人，她的熱情是那樣有渲染力，讓身邊的人無不感到敬佩，我心中的阿春更是對這樣的傅培梅太太充滿敬愛、崇拜與感謝。

希望讀者在看這本書的同時，可以和我一樣感受到傅培梅老師是如何不放棄學習卻也努力守護著家人，是如何秉持著新女性的創業精神開創了烹飪課的制度，更重要的是，希望讀者也能感受到每道料理中暖暖的溫度、回憶和愛。

我心目中真正的行家

財團法人公益平台文化基金會董事長
嚴長壽

一直以來，
我始終看到傅老師熱情不懈地在台灣這塊土地上，
為飲食文化的薪傳努力播種耕耘。

食藝的境界，需要投注多年的經驗與鑽研，才能吃出學問來。不論是烹飪或評食，在我心目中，傅老師就是一位真正的行家。

回溯起孩童時期，我常與母親一同看傅老師烹飪教學的電視節目，後來因緣際會下，兩人結識了十多個年頭，期間也多所合作。一直以來，我始終看到傅老師熱情不懈地在台灣這塊土地上，為飲食文化的薪傳努力播種耕耘。

記得在一九九一年，我們為了將台灣菜推向世界，曾效法《法國米其林》美食指南的做法，一起吃遍大街小巷、大小餐廳作評鑑，傅老師對於烹調法、食材、色香味，甚至用餐氣氛，都有著十分獨到的見地。她的行蹤遍及大江南北、世界各國，加上她個人精湛深厚的廚藝基底，及不斷求新求變的探究精神，才能達到如此高水準的品味。

當時只要一提到中國菜，大家腦海裡第一個浮出的身影一定是傅老師，她的食譜除了中文版之外，還有英文版、日文版，可說已經風行世界！那時台灣留學生經常帶著一只電鍋，和一本《培梅食譜》，就隻身遠赴他方求學；而那時的台灣美食，確實就因為留學生及國際人士對《培梅食譜》的喜愛與認同，而成為台灣行銷中華美食的一個重要媒介。

不斷為中華美食締造豐碩佳績的傅老師，其實已成為台灣歷史的一部分，更是許多人成長記憶中的重要代表人物！個人後來也一度在台灣餐飲技職教育的推動上略盡綿薄之力，雖今日看來已算百花齊放，但終究未能超越傅培梅時代的影響。而今傅老師已離開凡世，我也早已退出觀光與餐飲技職教育，甚為懷念……。

作者序

我那五味八珍的歲月

傅培梅

父親也曾教導我：
「比上不足，比下有餘。要知足常樂，不要怨天尤人。」
一直以來，
這些話成了我努力向上的原動力。

我曾有過一個十分愛我的丈夫，還擁有孝順我的一子二女，及一媳二婿和七個可愛的內外孫。父親自幼希望我能成為外交方面的人才，而我也陰錯陽差的曾被喻為「美食大使」，雖不敢說是功成名就，一輩子卻也東奔西跑為發揚美食盡了心力。

外子去世不久，我自己又因罹患肝癌而開刀，在經過死裡逃生之後，終於身體健康恢復，於是放棄大部分努力煩心的工作，愉快的過著悠閒的生活。小兒顯灝大力鼓勵我寫回憶錄，將這一生點點滴滴，多采多姿卻又多災多難的故事記下，可以給後人做個勤勞進取、追逐理想的榜樣。

我遲疑又惶恐著不敢下筆，一個只受過正統日制教育的我，對於中國文章如何摘要，分類與修辭均有著無力感，要如何去著手呢？

我開始計畫先去寫小抄，想到什麼事，就立刻記下來，身邊時時刻刻帶著紙筆。於是，床頭上、廁所裡、飯桌上、在車上、甚至飯局時都會偶然想起什麼便馬上筆記下來，不到一年、抄抄寫寫的已有不下百張的小紙頭，寫著我這一生所發生的大小事蹟。終於在二〇〇〇年的春節過後，全部交給小媳慧懿去整理，她欣然接受，願全力為婆婆做這終身的一大記事。緣於她自婚後與我同住了十六年，許多事務皆共同參與，尤其對一些年份、人物的記憶比我還清楚些，加上她的文筆流暢、幽默風趣，曾受邀為報章雜誌寫烹飪專欄，頗受好評。我想，找一個了解我的個性、又身歷其境過的人來做這個工作，她是不做第二人想，於是我們婆媳倆開始了這個艱鉅的工作。

回憶往事，有著甜蜜、也有辛酸，藉著我的嗜好——聆聽老歌，來喚醒塵封往事，老的流行歌曲中雋永的辭句，往往觸動我的心弦，想起無盡的過去……。

憶起了歡樂天真的童年時代，勇敢刻苦的少年時代，浪漫純真的青春時光，奮鬥不懈的中年時代，大難不死的老年時代和怡然自得的現在。光陰如箭，時光飛逝，生命是如此短促而珍貴，如今的我已經練就了真正能隨遇而安、自得其樂的人生觀。

父親也曾教導我：「比上不足，比下有餘。要知足常樂，不要怨天尤人。」一直以來，這些話成了我努力向上的原動力。我們這一代的人，既可謂幸，也可謂不幸；生在動亂的時代，被迫離鄉背井漂流天涯，時代考驗青年，而青年也曾創造時代。也唯有在這樣國家多難的時代，政府才會想到以美食訴諸國民外交，以飲食文化來發揚敦睦邦交，宣傳國家的富強，靠嶄新廚藝宣慰僑胞，爭取歸心，文化地位超然，才使我有了表演的舞台，在烹飪界的同行中，也算是空前絕後了。

提筆之際，回顧七十年來，酸甜苦辣的生涯，有著許多心得及領悟，忍不住要與大家分享我的愛情、我的奮鬥故事、我的教學甘苦談，也不枉這一世走過的五味八珍的歲月。

Contents 目次

Chapter.03

Chapter.04

Chapter.05

Contents 目次

Chapter.06

Chapter.07

Chapter.08

Chapter.09

Chapter.10

Chapter.11

Chapter.12

Contents 目次

Chapter.16

Chapter.17

Chapter.18

附錄

Chapter.01

我的易牙之路

曾經連水餃都煮不好，只為了在先生面前爭一口氣，高酬徵名廚到家裡來教做菜，菜鳥終於一舉變大師！

連水餃都煮不好

外子紹慶是標準的北方人胃口，尤其愛吃水餃，
當然對餃子的要求也格外挑剔，
不但要皮薄餡多，要帶汁，還得小巧。
我為了討好外子，常常包水餃，但是每次吃了他都不高興⋯

曾經有很多人，在許多不同的場合詢問過我，怎麼那麼會做菜？「怎麼」學的？這個「怎麼」，我想是雙重意思，也就是妳為什麼想學做菜，又怎麼（跟誰）學到的。

其實，我當年暗下決心，要學好做菜，都是為了要在先生面前爭回一口氣！

外子程紹慶的祖籍跟我一樣是山東大連，也是當時少數在台灣的大連同鄉之一。紹慶是標準的北方人胃口，尤其愛吃水餃，當然對餃子的要求也格外挑剔，不但要皮薄餡多，要帶汁，還得小巧。他最中意的是用明蝦（大蝦）包的大蝦水

餃，或是用黃魚肉包的黃魚水餃。

結縭之初我們定居在高雄他公司的宿舍裡，只有一房一廳各六疊榻榻米大小。這個「廳」兼做客廳與飯廳兩用，晚上就變成麻將間了。宿舍內五家合用的廚房在長廊後頭，我為了討好外子，常常包水餃，但是每次吃了他都不高興。

終於有一天，我忍不住問他：「好吃嗎？」

他生氣的說：「這種餃子怎麼能吃，每個裡面都是一包水。」

我仔細一看，真的每一個餃子都有開個口，水大概從那裏跑進去的，但是怎麼會開口呢？我每一個都是用力捏邊的啊。

COOKING SECRETS OF TAIWAN'S FU PEI MEI

Traditional Ways to Celebrate the Year of the Dragon

BY BARBARA HANSEN
Times Staff Writer

Saturday is New Year's Eve for those who celebrate Chinese style. And since the year 4674 will be controlled by the dragon, a sign of strength and good fortune, it might be wise for everyone to celebrate.

If you want good taste as well as good fortune, try some Chinese cookery during the holidays. The Chinese do not occupy themselves with holiday cooking to the same extent as Americans, reports Fu Pei Mei, the leading cookery authority of Taiwan.

Stores and restaurants on Taiwan are closed for about five days at New Year's, so food is purchased beforehand. And as many dishes as possible are prepared in advance and then reheated or given their final cooking when guests arrive. The aim is to concentrate on hospitality and good times rather than kitchen work.

Traditional Fare

Traditional New Year's foods include deep-fried meat balls, spicy fish, steamed ham or pork and marinated chicken legs, Miss Fu said. The meat balls might be

books, "Pei Mei's Chinese Cook Book" and "Pei Mei's Chinese Cook Book Volume II," are available here in Chinatown.

Miss Fu spent part of a day demonstrating several dishes in the kitchen of The Times. The Oriental ingredients needed for the recipes were easily rounded up in Chinatown. Those that weren't quite the same as their Taiwan equivalents worked in the dishes anyway.

Miss Fu noticed the greatest difference in produce and in chickens. She found our California carrots younger and more tender than those in Taiwan. Slicing American celery for a salad, she commented that Chinese celery is stronger in flavor, slimmer and darker in color.

The green beans required for another dish were thicker and considerably longer than Chinese beans. And our chickens are so oily, she said, that they do not brown properly after being soaked in a soy sauce marinade.

Miss Fu found the gas range inadequate to heat oil in the wok for two deep-fried dishes. To counteract such a problem, she suggests not only frying the ingredients longer but also removing them from the

The final step was a sprinkling of the marinade in which the meat had been soaked.

The chicken recipe is from Hunan Province. The other two dishes which Miss Fu demonstrated are from Szechuan.

Ten ingredients were shredded and arranged in separate groups on a platter for a colorful party salad. The salad is tossed just before serving with a sauce that includes hot mustard, soy sauce, sesame oil, vinegar and sugar. Then the mixture is placed on spring roll skins, rolled up and eaten like a burrito.

The spring roll skins, which are similar to the thin pancakes served with Peking duck, can be purchased frozen in Chinatown markets.

Make a Paste

Miss Fu made the salad hot and spicy with mustard. The way to bring out the heat of dry mustard is to mix it to a paste with water and place it, covered, in a warm place for a minute or so, she said. She clapped the bowl containing the mustard upside down onto the hot lid of the wok.

While the chicken legs and salad are party dishes, the final recipe, deep-fried green beans, represents home-style cooking. The beans are cooked until slightly browned and mixed with seasonings that include dried shrimp, ginger, pork, sesame oil, vinegar and green onion.

The beans may be served hot, right after cooking, or cold the next day. Either way, the flavor is extraordinary.

While it takes time and effort to master the techniques of Chinese cooking, it is never too late to start. Miss Fu, the wife of S. K. Chen, confessed she was forced into cooking by her husband's love for Mah-Jongg. She was expected to supply the food for the friends he brought home each day to play the game.

Please Turn to Page 11, Col. 1

TEACHER—Fu Pei Mei explains how to prepare a deep-fried chicken dish

傅培梅的烹飪技術，
不僅名滿中國也名滿天下，
她不但在職業上成功，
而且還是好太太，
好媳婦，好婆婆。

傅培梅職業成功
家庭也美滿

文／吳鈴嬌
攝影／何白昌

齊家•治鍋•名滿天下

從那以後煮餃子的過程中，我便一直注視鍋中，一個一個來檢查，開口的就夾出留著我自己吃，即使如此小心，仍有滲水進去，經常煮得淡而無味。我看著他吃一口就丟一個，氣得筷子一摔拂手而去時，更是眼淚汪汪，無地自容。

在苦思不解其因之下，第二天我帶著餡料、皮子，去拜訪了年長的同鄉劉老太太，請她指教，怎樣才能讓餃子煮不破。

她一見我就笑說：「閨女啊！你怎麼長這麼大，還不會包個餃子？」於是我包給她看，先放餡在皮中間，用筷子抹一下皮邊，再對合起來用力捏緊，不對嗎？

「不對，不對，妳怎麼用筷子去抹邊呢?!筷子上有油，那不一煮就開口了嗎？」頓時，我清醒了，是啊！有油的筷子（因餡料中有拌油）去抹一下，濕濕的看似捏合了，但煮時遇到熱氣一定會開口（縫）的，這麼簡單的事，我當年都不懂，飽受怨氣，每次都對著煮熟的一鍋餃子「相面」，挑那看似未裂口的，一直擔心這次會被丟幾個。

外子吃水餃很講究，除了外形要完整，不滲水，蝦肉餡兒還必須要明蝦才行，從前在高雄不易買到明蝦，我有時專程跑到七賢三路的大市場找也找不到，就改買小蝦代替，他一吃就知道了味道不對，我雖強辯蝦的營養成分是一樣，但他要的卻是那鮮味和口感的不同。

我當年暗下決心，要學好做菜，
都是為了要在先生面前爭回一口氣！

大連人喜好吃魚餡餃子，黃魚餡是來台灣後才在高級專賣店賣出（當時一個十元），我為了滿足他的嗜好，不管黃魚在市價上賣得有多貴，也捨得買來包給他吃，以滿足他的口腹之慾。

傅培梅時間

廚藝卓絕家庭事業兩得意

「傅培梅」與「中國菜」齊名

卅年授藝生涯桃李滿天下名聞中外

外子吃水餃很講究，除了外形要完整，不滲水，蝦肉餡兒還必須要明蝦才行。

為爭一口氣，開始學做菜

被嫌多了，我決定開始設法學做菜，但怎麼學呢？
當時在菜市場有個賣米粉的攤子，
老闆在炒菜時我就站著看⋯⋯

當年紹慶在高雄的益祥輪船公司任職，那公司，一個月只有兩艘船定期的來裝貨，除了船靠岸那幾天要忙碌之外，其他日子裡，公司上下幾乎沒什麼事要忙，大家便提早下班，四點多就結隊來我家打麻將，因為當時我和紹慶新婚不久，沒有孩子吵鬧。

婚前是職業婦女的我，幾乎沒有正式燒過飯煮過菜，勉強做個炒飯、炒麵，什錦料淋在飯上面的所謂燴飯，都煮得不怎麼好吃。紹慶覺得沒有面子，打完牌後常拉長了臉對我說：「妳能不能換換花樣，做點好吃的？」

或是「妳做的是些什麼東西嘛！」

他更生氣時會說：「誰都比你強！」

我實在是不會做，不是不做啊！

來打麻將的人，習慣上都會拿出若干「頭錢」，算是用餐及買香菸的費用，因此紹慶還說：「妳不要苛扣我們的頭錢，盡做些不值錢的炒飯、炒麵什麼的，多不好意思。」

其實我才不稀罕頭錢，心中暗想：最好你們別再拿出錢來，我請你們白吃好了。

被嫌多了，我決定開始設法學做菜，但怎麼學呢？

當時在菜市場有個賣米粉的攤子，老闆在炒菜時我就站著看；山東老鄉開在巴士車站對面的小店在做蔥油餅、花捲之類的，我也去從旁觀察。市區的大水溝旁，每到中午便有許多食攤擺設出來，也能過去學到幾手。我雖然有機會上大館子，如厚德福、致美齋等，卻不敢開口問。

第二年孩子出世，先生們打麻將換去另一位同事家，我學菜的念頭才慢慢打住。

未料翌年紹慶調職台北，我領著老大，懷著老二也搬來台北住。頭三年與同事李家共住一大棟座落廈門街八十一巷的日本住宅中，沒有房間可打牌，紹慶與李君下班後就去別處打。待老三快四歲了，我們兩家將公司這棟大宅賣掉，各分了一半的錢，去另尋住所。我找到和平東路三段的「坡心」附近一個三房兩廳的房子，除了房間多，還有個四十坪大的院子，可以供孩子玩耍。

一九五一年春節與外子程紹慶的訂婚照。

高酬徵名師，在家學烹飪

我又重新興起學做菜的念頭，但無熟悉的餐廳可求教。苦思之後，我想起一句老話「有錢能使鬼推磨」，只要肯花錢，沒有辦不到的事……

搬了新家之後，紹慶又開始帶同事返家打麻將了，孩子也上幼稚園和小學。我又重新興起學做菜的念頭，但無熟悉的餐廳可求教。苦思之後，想到可以寫信給餐館打聽是否有廚師願意來教？這時候我想起一句老話「有錢能使鬼推磨」，只要肯花錢，沒有辦不到的事。

因為相信重賞之下必有勇夫，我在求師信上寫著「高酬徵求名師教菜」。再翻電話查號簿，找到在查號簿上登著廣告的各大餐廳：狀元樓、老正興、渝園、玉樓東、大同川菜等等，就把徵人信都給寄了出去。

信寄出後隔兩天，接到信的餐廳，都派廚師來找「程太太」了。

安排好不同的師傅來家裡教菜的時間，我開始忙碌起來了，忙著籌學費，忙著買材料，還要準備上課所需的桌椅爐台等等，真是一則以喜一則以憂。

烹飪課在家開始之後，我又發現新問題，好像每一位大廚的通病都是不肯多言。經常是我問一句，他答一語，我低下頭做筆記，廚師就趁機放了點什麼到鍋裡，我指名要學他們餐廳裡的招牌菜，也就是那個菜系裡的代表菜色。

一般菜做好，廚師就匆匆離去，我一面品嚐，一面寫筆記，並靠感覺增減調味料的分量，第二天買來材料全部試做一次（除非很不中意的放棄它），如此這般足足學了兩年。

因為來家裡打牌的麻將搭子，多是江浙人，我經常挑選一些江浙口味的菜餚來侍候牌局，連高難度的紅燒下巴、栗子河鰻、腐乳肉，逐漸我都能做得出來，他們大快朵頤之餘，更讚不絕口，日後還叫太太來向我討教幾招。

我很愛吃魚，因為自幼在家，餐餐飯都食魚。因此學做菜的過程中，我特別要求每一位廚師必須教我一道「溜魚」。隨他怎麼溜都行。一般常見的燒法是醋溜，或糖加得多一些的糖醋汁去燒的溜魚。因為廣納多位大廚的經驗，我的溜魚心得於是更加多元化，講究之處也特別多。

我很愛吃魚，因為自幼在家，餐餐飯都食魚。
因此學做菜的過程中，我特別要求每一位廚師必須教我一道「溜魚」。

首先「魚」的造型很重要，要細長一斤左右的魚剛好，講究點是去大骨、在肉面上切花刀、花刀切粒狀，後來演變為一串葡萄形的「溜葡萄魚」。如切得細密而割成塊狀、上粉、炸後呈現出來的是菊花的花瓣狀也美。如果要做得簡單一些，就在魚身兩面各切刀口數條，但切的間隔密而深些，則在炸後可使其站立在盤上，不但美觀，也使淋上去的汁與配料明顯而不易黏塌。

「溜魚」並非一定要把魚炸過後才能溜，像西湖醋魚的魚是經「川燙」出來的，閩菜中的軟溜草魚也是在熱水中焐熟的，因此肉質特嫩。在許多位廚師教的芡汁（糖醋汁）中，我最喜愛趙師傅教我的那道軟溜草魚的配方：「酒一，醬油二，糖三，醋四」的混合，同時放在汁中的大蒜末、蔥末、蝦米末及紅椒末，不但顏色協調，口味更是特殊。

我雖然前後請了六位廚師來教菜，但並不是每位都是大廚，在當時還一竅不通的我，也不懂得挑剔，只要有人願意教我，我都欣然受教。

由一名虛心求教的烹飪菜鳥，到後來調和鼎鼐的烹飪教育家，從事料理工作數十年來，我經常回顧自己這條誤打誤撞的易牙之路，除了要感謝外子當年無心插柳的刺激與鞭策，深藏在我記憶裡倍受長輩寵愛的童年，以及小時候與父親一起品嚐的美味親子丼，恐怕也是這條易牙路的重要啟蒙，在我懵懂未識世事的時候，就已在心底悄悄埋下的美食種子。

我雖然前後請了六位廚師來教菜，但並不是每位都是大廚，
在當時還一竅不通的我，也不懂得挑剔，
只要有人願意教我，我都欣然受教。

第一次拍冰箱廣告時的造型。

黃魚水餃

黃魚水餃是餃子世界裡的高檔選擇，即便在野生黃魚還未絕跡的三、四十年前，要在餐廳吃黃魚水餃都不便宜。

傅培梅為了滿足先生想吃黃魚餃子的慾望，不管黃魚在市場上賣得再貴，也買回家親手剔下魚肉剁餡包給他吃，一枚黃魚餃子裡，滿載夫妻情！

材料

黃魚　1條（約600公克）
絞肥肉　2－3大匙
韭菜　150公克

調味料

鹽　1／2茶匙
水　5－6大匙
薑汁　1／2茶匙
麻油　1大匙
胡椒粉　少許

黃魚餡的做法

1　從黃魚的背部下刀，取下黃魚兩邊的魚肉（圖1），順著同一方向，刮下魚肉（圖2），並以刀背將魚肉剁碎。

2　魚肉放入大碗中，加入鹽和水來攪拌魚肉，攪至魚肉很有彈性（圖3），再加入剁過的絞肥肉（肥肉的量約為魚肉的1／5）、薑汁、麻油和胡椒粉，攪拌均勻（圖4）。

3　韭菜摘好、洗淨、切屑，拌入魚餡中，做成黃魚餃子餡料（圖5）。

1 | 3 | 5
2 | 4 |

餃子皮的材料：
中筋麵粉　3杯
冷水　1～1／3杯
鹽　少許

做法

1　餃子皮的材料和好，醒二十分鐘，再分成小劑子（小麵糰），擀成餃子皮，包上打好的黃魚餡料，做成餃子。

2　煮一大鍋水，待水滾開後放入餃子，邊放邊推動水餃，放完之後蓋上鍋蓋，以中火煮開後，加一杯冷水進去，再煮開後，再加一杯冷水，第三次煮開時即可關火撈出，瀝乾水分，裝盤。

大師的經驗

打餡時水要慢慢地少量加入魚餡中。水要加多少則要依魚的新鮮程度而增減，新鮮魚肉可拌入較多的水。

大師經典食譜 × 黃魚水餃

果園裡的童年

果園裡長大的童年，集三千寵愛於一身，在大連市郊留下人生最初最甜美的回憶。

Chapter.02

魂縈夢牽東西園

我魂牽夢縈最難忘的是，住屋四周的美景，尤其在春天，圍繞著房子周邊和前面大院的，有十數棵櫻花樹……

「春去秋來，歲月如流，遊子傷漂泊，回憶兒時，家居嬉戲，光景宛如昨……」。

人的一生，不論過得多麼多采多姿，或是走過多少地方，對於他童年生長的故居，總是有著無可取代的特殊感情。而我正是這樣，走訪了世界各地，看遍名山大川，但夜夜夢牽的，還是童年所住的華屋和天下無雙的美景。

我剛上小學時，家還住在大連的市中心區新生街（當時叫飛彈町），一棟四合式三層樓房裡。父親經營歐美的進出口生意正在鼎盛之際，卻正逢第二次大戰

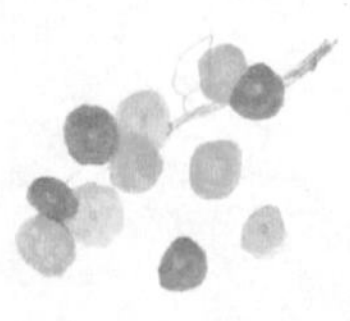

爆發，在日本殖民地的大連市，已經毫無生意前途，於是父親只好賣掉公司和房產，改在市郊嶺前區，買了兩處廣大的果園，靠近桃源台的叫東園，位於長春台對面山上的叫長春果園，又叫西園。

就在西園山腰比較平坦的地方，父親設計蓋了一棟別墅式的洋房，記得客廳有兩間，樓下的較平凡，是日式，接待普通客人用。好的傢俱、鋼琴、天津地毯、法國絲絨沙發等，都擺在二樓大客廳。父親說，大客廳是給自己家人來享用的，所以就得買好的東西，當時我太小，並不懂他的含意。

我記得二樓四面都是大玻璃窗，每一處都能看到山上成千上萬的果樹，春天是花朵盛開，秋初則結實纍纍，只有冬季比較蕭條，但下雪天，可就又是一番奇景了。

我魂牽夢縈最難忘的是，住屋四周的美景，尤其在春天，圍繞著房子周邊和前面大院的有十數棵櫻花樹。單瓣的吉野櫻會先開，淡淡的淺粉的近似白色，然後下來是桃紅色的八重櫻，花如其名真的有七、八層之厚，在此同時，房子左邊山坡上的桃花也會綻開，相較下桃花可單薄得多。

從後門出來，首先看到的是在井邊的幾棵洋梨樹，開著白花，與蘋果花相似。我家蘋果樹的種類很多，紅玉、大王、國光、八爪等等我都記不清了，但全開白

回想記憶裡的人間仙境，
如今滄海桑田，不勝唏噓。

花，所以只見滿山遍野的花團錦簇，一片花海。果樹的排列整齊有序，像台灣山腰種的茶樹一般，從居家二十米外算起，到接近山頂，約有三十層（排），一眼望不到邊際。山巒山崗接連處，都有淺淺的溪谷，不停的流著泉水，既涼又清，我常用它來泡走酸的腳丫子。

採收季節到了，園內把頭（工頭）會去顧來許多工人幫忙，這些工人大半都是那些曾在五月來剪過果子（一根枝上長了太多會長不大，得剪去多餘的，只留下一、兩個），也是六月來包過紙袋的熟練工人。他們將採摘下來的蘋果，擔挑下山送到倉庫地下堆放，再由專人去撿選，分別優劣裝箱。

我和弟妹無事可做，就會跑去湊熱鬧，幫著挑選，看到特別漂亮的，就留下來帶回去向父親獻寶，或等家庭教師來了送給她。

住果園時我正在讀四年級，上學時要帶著一年級的妹妹，一起下山去長春台派出所前，與其他附近的同校生會合，再整隊走向學校。

每個早晨出了家門，我會先跑去小倉庫，拿幾個蘋果，一路下山時每走一百公尺不到，就藏一個到草叢中或小溪邊，用大石頭擋住。等待放學回家時，再一路找出來，用濕手帕擦過，大口咬來吃，待第三個吃完時，差不多也到家了。

秋後天氣轉涼已不會半途口渴，也就不再做藏蘋果之事，其實我們每天上學都帶有水筒（水壺），也不是無水可喝。

屋子前方有一大片空地，兩頭裝了籃球架，父親常在傍晚帶領著我們兄弟姐妹來一起打球，還裝了照射燈，連夜間也可以玩。

黃葉落盡，群樹都只剩下枯枝時，天寒地凍的冬季便來到。父親會叫「把頭」（就是工頭），晚上灑水在球場地上，一夜下來會結成硬冰。第二天，我們幾個孩子就可在這溜冰場上大顯身手了。

從我們的果園山頂越過，可以看到大連聞名的海水浴場——傅家莊海濱。夏天學校暑假期間，經常約三五同學由公路徒步去那裡游泳。

那是一個水溫涼、斜度陡，不太適合幼小孩子去的海水浴場，但我們從小在學校被訓練得自以為技術好，無所懼怕。有一次趕上退潮，我們又不懂水性，把青蘋果擲到遠處，大家比賽誰能搶到。結果，蘋果我是拿到手了，卻怎麼游都覺得離岸遙遠，波浪向前推著，但後退時力量更大，像把我倒吸，捲走了似的，我開始害怕，拚命喊叫又擺手，蘋果也早就丟了，兩個同學站在岸上著急的看著我。

後來我被水嗆到，發不出求救聲，嚇得只能掙扎著用蛙式向前划水，後來可能是一個特大的海浪衝過來，我奇蹟似的被浮力推到岸上，站到地了，同學急忙伸手接我，腳才從砂中拔了出來，那種恐怖記憶一直烙印在腦海中，此後很多年都

人的一生，不論過得多麼多采多姿，
或是走過多少地方，對於他童年生長的故居，
總是有著無可取代的特殊感情。

不敢再下海游泳。

光復後治安太壞，暗殺搶掠時有所聞，父親基於家人的安全，只好帶著我們離開，搬回市區老房子住。但是在那視野絕佳、世外桃源般的果園住了四年後，任何再美的地方都不能滿足和吸引我了。

一九九二年我陪外子返回大連探親，從他四弟住的七樓住屋，正好可看到對面幾座大山，正好就是我童年住過的果園。但果樹早被砍光，蓋滿摩天高樓，約有十數棟之多。回想記憶裡的人間仙境，如今滄海桑田，不勝唏噓。

三千寵愛在一身，小想子誕生！

媽媽在連著生了兩位哥哥之後，終於得到我這個寶貝女兒，祖母替我取了小名「小想子」，比喻日思夜想，我一直都喜歡這個乳名。

任何東西，只要是自己所欠缺的，一旦獲得必然倍感珍貴與愛惜，孩子也是如此。

媽媽在連著生了兩位哥哥之後，終於得到我這個寶貝女兒，等不及年底，父親就趕回煙台探看。祖母說：「這是老三『黑白』都想的閨女啊，就叫她『小想子』吧。」北方人說的「黑白」是指黑夜白天，比喻日思夜想，而台語「黑白」則是亂來的意思，兩地方言大異其趣。

想子，我一直都喜歡這個乳名，因為充滿了父親對我的期待與寵愛。據母親

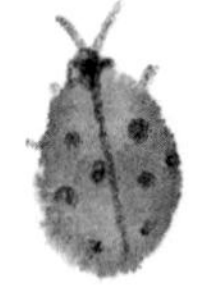

說，老奶奶在世的時候，在她十三個孫子輩中最疼愛我，也許她是愛烏及屋，因為她向來都是偏愛小兒子——我的父親。

記得我五歲那年，在年節上回煙台四馬路大宅，與堂姐培琴出遊，返家時經過老奶奶房間，偷偷掀一點門上厚厚的續棉門簾（因北方天冷為了擋風，防寒用厚門簾），想看看裡面，未料端坐在炕上的胖奶奶（因中風行動不便），就盯著門縫看大聲喊道：「小想子，妳進來！」

我得意的大步跨過半尺高的門檻進去，奶奶就從炕頭上搆過來一只大鐵罐，揭開蓋兒，伸手抓了一大把炒米（即爆米花，可以用糖水泡著吃的），裝在大碗裡給了我，當時我連忙高舉雙手像是領獎般去接碗，要走出門時，因為雙手端著碗，無法去掀門簾，我猶豫一下，只好用頭去頂起門簾，才擠了出去。

到了亭子裡我用白紙摺成三角斗袋，把炒米分了一些給露著羨慕眼光的培琴。奶奶偏向我，早已在眾多堂兄弟姐妹中是公開的秘密，奶奶還常把她吃剩的好東西，一定交代說「留給三房的小想子」。

一九三五年冬，五歲的我依偎在父親身旁與全家合照。

力爭上游，「勉強上手」！

讀書時我很用功，樣樣都拿滿分，
心中所想的，是如何才會讓父親高興，
爸爸那副眉開眼笑的樣子，是我最嚮往的。

從我有記憶時起，父親不只親自照顧著我的起居生活，我的童年教育也是父親有意安排栽培的。

我五歲時便被送往大連唯一的中國幼稚園「幕堂幼稚園」，一年後為了能上日本小學，又送我去日本私立的「雙葉幼稚園」學習。

第二年參加松林小學開學式的當天，我穿上父親為我在浪華洋行（當地最高級的百貨公司）買的暗紅色絲絨料、銀線繡花的洋裝，另配上一頂灰色呢子帽，我覺得奇怪，不肯戴，但父親十分堅持，他要他的小寶貝與眾不同。

當天所有的孩子都穿著普通，由母親帶領到校，只有我不但穿戴華麗名貴，還是由一位男士——父親陪著來的。從那天起我這唯一的中國人，就已經是眾所矚目的特殊學生了。

讀書時我很用功，樣樣都拿滿分，體育項目也不例外，三年級時，已經學會打球、游泳、滑冰了。心中所想的，是如何才會讓父親高興，他每次看我的學期成績簿全是甲時，那副眉開眼笑的樣子，還把我拉入懷中貼貼臉，這樣的獎賞方法，是我最嚮往的。

記得六年級期末，正處於戰爭中，日本節節敗北，美軍B29轟炸機也來過大連，我們幾乎無法安定的讀書了。

小學四年級與日本同學合照。

有一天，日本老師在課堂上，發給每人一本三十多頁的小冊子「軍人訓諭」，規定第二天要背會。我從晚飯後就把自己關在屋裡，一遍遍的背頌，直到天快亮時才趴著睡了一下，便去登校（上學）。果然第一節課就開始測驗了，一個一個的點名站起來背，背不出完整的五十二條，一律到後面罰站，最後全班只有我一個人完全背了出來，偌大的教室中只見我一人穩坐時，不禁喜極而泣，感到無上的光榮，尤其我又是唯一的中國學生。

在全班都是日本孩子中，要爭霸談何容易？平時的功課，我也是拚命力爭保持高分。一九七八年秋季，我與這班老同學在東京校友會場相逢，大家還議論著「傅梅子」（我的日文學名），那時候就「勉強上手」（功課很好）的事。

分別數十年後，在東京舉辦的校友會上，我代表上台致詞。

讀書時我很用功，樣樣都拿滿分，體育項目也不例外，
三年級時，已經學會打球、游泳、滑冰了。

山東燒雞

傅培梅是山東人，她改良了從小吃的「山東燒雞」做法，在蒸雞料中多加了花椒。
花椒蒸過之後，只留香氣不麻口，讓雞肉吃來更香，不讓河南的道口燒雞專美於前。

材料

半土雞腿　2支
黃瓜　3條
泡雞用醬油　1／3杯

蒸雞料

花椒粒　2大匙
蔥　2支
薑　4片

調味料

醬油　2大匙
醋　2大匙
大蒜泥　1大匙
麻油　1大匙
蒸雞汁　5大匙

做法

1　雞洗淨，擦乾水分，用醬油泡一小時，要常翻面使顏色均勻。
2　用熱油炸黃表皮，撈出，瀝盡油。
3　將花椒粒和蔥段、薑片放在雞上，上鍋蒸一小時。
4　黃瓜拍裂、切段，放入盤中。
5　雞取出放至涼透，撕成粗條，堆放在黃瓜上，淋上調味料，食用前拌勻即可。

大師的經驗

這是一道夏天吃的涼菜，傳統用的是全雞，傅培梅為現代「煮婦」著想，改用雞腿，因為雞腿肉更有彈性。
如怕炸雞太耗油，可以用煎的，雞皮面朝下，一方面可以煎去些油脂，另外也增加香氣。
燒雞做好放涼，可以直接切來吃或拌來吃。如果要拌黃瓜，記得拍過的黃瓜口感較好，除去籽後口感則更脆。

大師經典食譜

炒炒肉

這是傅培梅自小在家吃到的「媽媽味」。傅媽媽炒這道山東家常菜時，使用了山東人慣用的淋醋和麻油烹香手法，把不起眼的家常食材，炒出讓人魂牽夢縈的好味道。

材料

大白菜　600公克
肉絲　120公克
香菇　3朵
木耳　1／2杯
胡蘿蔔絲　1／2杯
蔥　2支
香菜段　1／2杯

調味料

醬油　1又1／2大匙
鹽　1／3茶匙
醋　1／2大匙
麻油　1／2茶匙

做法

1　大白菜切絲；香菇泡軟，切絲；木耳泡軟，切絲；蔥也切斜絲；香菜切段。

2　起油鍋炒散肉絲，盛出，再放入香菇絲炒香，接著再放白菜絲和胡蘿蔔絲，炒至白菜回軟。

3　加入木耳絲，炒一下後加入醬油和鹽調味，大火拌炒。起鍋前撒下蔥絲，淋下醋和麻油烹香，關火後撒下香菜即可裝盤。

大師的經驗

這是一道考驗刀工和火工的菜，所有食材都要適材適性切出同樣的粗細，比較軟的香菇和肉要用推刀切，蔥則要先橫剖再打斜切，最難切是脆硬的胡蘿蔔，先切薄片再切細絲，是練刀工的好試題。
切好了絲，炒的時候也講究火候，大火快炒，要炒出香氣，萬一炒到大白菜出水那就不合格了，要把白菜的清甜、木耳的脆爽、肉絲的腴嫩和香菇的肥美分別表現出來。

味覺的啟蒙，親子丼

童年與父親一起吃的親子丼，
記憶著細膩的父愛，也是最難忘的味覺啟蒙。

Chapter.03

父親之愛

父親是位終生教育的實踐者，
不恥下問，不會的、猶疑的，一定設法問明白，搞清楚。

父親在山東老家福山縣的黃務村，只唸過六年的私塾，十七歲那年，隨他本家老叔去了大連，在一家同鄉開的食品公司新泰行當學徒，學做生意。每當休假日子，他會爬上南山山頂，居高臨下的俯視大連市街景。他看到那麼多的房子，各式各樣的，卻沒有一片瓦是屬於他的，他自勉將來一定幹一番事業，要出人頭地。

六年後，他果然自行創業，在大連市奧町開設了三泰洋行——一家做歐美食品（洋酒類及罐頭食品為主）進口的生意。當時，是東北唯一能與日商三菱洋行、三井洋行相提並論的中國貿易商。

父親做事非常有遠見、有計劃，常常是未雨綢繆。十二月會暢銷的商品他會早

在夏天便下訂單，經過水運、旱路，輾轉進貨，待批發出去在店頭佈貨之時，恰好就到了旺季，那個時代用的字眼是，一切要打算好（打量一下，算計好），套句現在人的用語，就是很有前瞻性了。

父親會許多種語言，都是自修學會的。因為是日治時代，生意人必須會說日語，他在學徒時代就練了，他的英文，據說是靠看書本，或從商品說明上學著背單字而漸漸學會的。俄語就從與俄國顧客（大連有許多白俄）交談和服務中實際學到。他還是位終生教育的實踐者，不恥下問，不會的、猶疑的，一定設法問明白，搞清楚。

他曾經教誨我：學外國語文，不一定是為了賺錢，要花錢也得懂外文，若看不懂商品上的說明書，不知怎麼吃用，不是白花錢嗎？

記憶中，我讀幼稚園時期，父親每天早上都要親自給我洗臉，他先在我脖子上圍一條大毛巾擋住前襟，再用手往我臉上撲水、塗肥皂，他的大手拍得我有點痛，我緊緊閉著雙眼忍受著他這份寵愛。他見母親做家務辛苦，還會自動地代她掃地、拖地板，直到後來有女傭來幫母親。

我讀小學後，他回家第一件事就要看我的功課，其實那時候校方只叫我們今天的複習一下，明日教的預習一下。根本沒有「宿題」（家庭作業）要做，上三年級之後，我有了家教，父親事忙，教我的機會便少多了。

父親會許多種語言，都是自修學會的。因為是日治時代，
生意人必須得會說日語，他在學徒時代就練了，
他的英文，據說是靠看書本，或從商品說明上學著背單字而漸漸學會的。

和父親一起吃的親子丼

長大以後，每當看到「親子丼」三個字，
便讓我想起與父親這一段「親子丼」的往事…

父親在那個時代來說，可算是新好男人。他思想進步、做事積極，又顧家、愛子女。他也定期帶我們全家大小去上館子，其中印象深刻的一次是，去新亞飯店吃俄國大菜（西餐），他教我們怎樣拿刀叉，如何喝酒，至於麵包塗奶油，則是一次先撕開一口大小的去塗好奶油再放入口。我們最常去打牙祭的餐廳是「群英樓」、「泰華樓」，大連的地方風味菜，最著名的就數這兩家。

父親對我這個女兒的期許，高過兩個哥哥，與我接觸也最多。除了關心我的功課、起居外，也常帶我出門，走在店家前，他會指著招牌、廣告之類的教我識

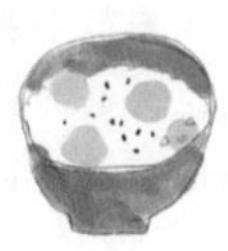

字，電車車廂上貼著的海報也會教給我，當時在我小小的腦袋中，根本裝不下這些筆畫繁雜的「畫符」，不過還是睜大眼睛向他猛點頭。

有一次父親來幼稚園接我，歸途中去了一家日本料理店，他點了兩客「親子丼」（雞肉與蛋燴的飯）。他向我解釋所謂的親子，就像雞與蛋的關係，並說他與我便是「親子關係」。

年幼的我當時無法體會那種親情的溫暖，還強辯道：「你又不是雞，我也不是你下的雞蛋，我是媽媽生的呀！」

他看著我笑而不答。

「親子丼」很好吃，記得爸爸還向我說明，為什麼蛋要最後打下去，攪和一下就好呢？那是怕蛋煮太老會不好吃了。

長大以後，每當看到「親子丼」三個字，便讓我想起與父親這一段「親子丼」的往事。

父親在那個時代來說，可算是新好男人。
他思想進步、做事積極，又顧家、愛子女。

從老爸身上得來愛唱歌的基因

我愛聽，也愛唱老歌，
多年來，這是我唯一的嗜好，
不知是否有父親的遺傳因子？

父親的及時教育，讓我學到許多當時同年齡孩子們未曾學過的知識，漫長又正統的日本語學業，在日後我的一生中，確實讓我受用無窮。

我從小就愛唱歌（兒歌），奶奶叫我唱，我會一支接一支的唱個不停。母親帶著我回娘家時，外公、舅舅們更是愛聽我唱，唱罷有掌聲還有糖果可以領，十分得意。光復第二年新娘子入門，她閒來愛哼時代曲（流行歌曲），我則取來紙筆，認真的學起那歌詞和發音。

有一天，父親忽然來了，說要唱中國歌給我們聽，就在飯廳鋼琴旁，父親正經

的閉著眼睛唱起來：「花兒為什麼開，鳥兒為什麼唱⋯⋯」。嫂子偷偷貼著耳朵告訴我說，這首歌是周璇唱的「瘋狂世界」。

接下來他又唱了一首「漁家女」，我靜靜的聽那詞意和韻律，最後表演的是日語的「採茶歌」（茶切娘），很奇怪的調子，結尾時，他還做了那個因下雨而無奈的表情，一直深深地留在我的印象中。

近十多年來台灣流行著卡拉OK，不分年紀長幼，大家趨之若鶩，因為唱歌能紓解壓力，放鬆心情，又能滿足表演慾。不過在我的少女時代，能聽到長輩高歌、歡唱，卻是十分難得的事，推算當時父親那時候，也不過四十五、六歲，正是活力充沛的中青年呢。我愛聽，也愛唱老歌，多年來，這是我唯一的嗜好，不知是否有父親的遺傳因子？

父親的及時教育，讓我學到許多當時同年齡孩子們未曾學過的知識，漫長又正統的日本語學業，在日後我的一生中，確實讓我受用無窮。

懷念與父親共有的快樂時光

失去父親是我人生一大重創，
父親多年來雖不與我住在一起，
但我內心始終有個依仗，精神的靠山。

光復後，父親曾經想把「三泰洋行」復業，但大連的時局遽變，號稱自由港的大連已不復當年，生意恢復無望，他終於決定遠赴華北，豈知那裡的生意也早已被他人侵占。

後來輾轉由上海來到台灣，他用僅有的資金投資做出口生意，旋後為解決一批貨物的糾紛，而不得不獨自去日本一趟。那是一九五〇年十二月一日，我為了送別他到機場而翹班，在路上他一再囑咐我：「婚事不用急，妳還小，慢慢選擇」。

他的話我並未聽進去，一個月以後就與外子訂了婚，幸好是大哥從中勸說，請父親不要再反對下去。半年後，他託友人捎來一件短外套。婚後忙於相夫教子及家事，便很少與他通訊，倒是父親偶爾會來信告知，有關他的狀況與生意進展。

一九五八年夏季的來信中，他說肺部不好，醫生卻不給他治療，只叫他回去多休養。想到父親一生愛吸菸，雖然量不多，怕也已影響肺部了。原本他在光復後借給日本朋友們許多的錢，他雖都一一找到債主，但每人都生活相當困難，並未如約的償還他，因此他只好改在東京郊外的市川，買了小廠房，做食品加工，身體

一九五七年十月大哥前往日本探望父親時，父子合影。

狀況卻每況愈下。

我決定去日本探望和照料他，當時中日之間無旅遊觀光簽證，只可用應聘就職之類的手續申請，在趕辦中需靠父親出具生活保證書，從他略帶顫抖歪曲不整的字體上，我看出他病況之不輕，心中焦慮萬分。未料過不到一個月，便接到噩耗，他竟因肺癌去世了，享年五十九歲。

大哥趕往日本奔喪，數日後一個暮色蒼茫的松山機場，我站在護欄外，望見大哥手上捧著白布包紮的父親骨灰時，忍不住嚎啕大哭，我歎息人生的無常及無奈，怎麼就這樣的與父親永別了？

失去父親是我人生一大重創，我滿懷期待，欲待奔向日本與他重聚，承歡膝下，燒一桌好菜給他吃，以彌補與回報他，上天為何不給我這小小的機會？

父親多年來雖不與我住在一起，但我內心始終有個依仗，精神的靠山。夜半夢迴，我腦中常縈繞著他慈愛的音姿笑聲，及曾經共有過的快樂時光。這時的我真正體會了「樹欲靜而風不止，子欲養而親不待」的痛苦和無奈。

賢淑勤儉的母親

她勤儉持家，從不擺譜，毫無架子，又愛幫助窮苦人家，如果那時有「愛心媽媽」之類的選舉，母親一定高票當選無疑。

比起父親的及時教導，隨時指點和灌輸的教育方式，母親從沒有在學業和知識上教過我。但她在日常生活中，對丈夫、對子女、對友人、鄰居甚至僕人的許多言行、動作都直接或間接的影響了我這一生，她給予我的是「身教」。

母親叫李其英，是父親鄰村的姑娘，她未唸過書，不過她後來倒能夠與父親通信，那是婚後父親教給她，認識了國語的三十七個注音符號，她就靠著注音符號的拼音，與在外地辦事的丈夫互通音訊。

她的溫柔賢慧在朋友間是有名的，又能體貼他人，善解人意，對父親的交代更是絕對服從，把父親侍候得無微不至。她對七個孩子從來不偏心。但她知道父親最疼愛我，寵著我，所以每當晚飯後，父親要去日本媽媽桑開的撞球店去玩，她都故意叫我跟著父親一起出去。

有一次記憶很深刻，是一天早上，我到父母房間道早安，只見母親紅腫著眼在啜泣，父親在沙發上抽著煙，我和兩個哥哥愣在那裡，忽然父親問我們：「你們跟誰？跟你媽，還是跟我走？」

當時我已十一歲了，還不懂什麼叫離婚，父親拿過來兩張信紙，那是他上個月去天津時寫回來給母親的信，全是注音的，我是唸日本學校的孩子，根本不會看，嚇得我們三個人只會流淚。

父親拿起來說：「我只少寫了一個字，住在『沙家』不是『家』…」，後來我們才知道，母親看到來信說「住在『家』一切安好。」她誤會父親已在天津有了「家」，才吵鬧不休，原來每個女人都會患「多心病」，提防丈夫豔遇越軌，即使像母親這麼具有傳統美德的女人也不例外，知道爭取自己的權力。

她勤儉持家，從不擺譜，家裡雖有傭人，她還是以身作則，帶領著去做家務，而且厚待她們，吃飯時，如菜不夠多，她會將好菜留下給傭人吃，自己則馬虎些。看到朋友、鄰居等人，一定是她先向前打招呼，毫無架子。又愛幫助窮苦人家，如果那時有「愛心媽媽」之類的選舉，母親一定高票當選無疑。

一九六一年底，母親輾轉從山東抵達澳門，與母親分別十六年的我，重見母親時的激動心情，真是無可言喻。

她來台灣之初，與我兄嫂同住在中華路，每天早上去植物園散步，身體一向硬朗。每隔十天半月，就由大哥送來我家住些日子。當時我還在院子裡搭棚教做菜的創業階段，每次一下了課，母親就出來幫著佣人收拾打掃，要我快去休息，我也累得倒在床上閉目養神，連陪她說話的精神也沒有。

我常憶起她那含著淚水疼惜我的

一九六二年母親來台後，母女倆又可以時常歡聚。

愛憐眼神，為此更加慚愧，我真的不孝，為何不懂假裝愉快，假裝自己一點也不疲憊，多向她撒撒嬌和親熱話話家常呢？只怪當時正值我事業始創，忙得焦頭爛額，沒太多時間與心情聽她傾談，對我的忙碌，她憐惜也心疼，每次都叫我快去歇歇。見外子下班，就催我快上樓去陪他，母親生怕我不中她女婿的意，或公婆面前不當意（不滿意）。

有一年春節後母親來我家小住時，便有著感冒頭疼的現象，吃了半個月的成藥也未見效，經醫院診察，醫生說是乳癌轉移至腦部，已是末期，預言只剩三個月的生命。這晴天霹靂如五雷轟頂，使我的心口似被異物堵塞，透不過氣，悲傷又痛悔更自責，我馬上決定丟下一切，分秒不離的緊守著她、陪伴她。

住院期間，在夜半時母親會特別清醒，間斷的敘述許多我不曾知道的往事，有弟妹們的，也有她親身經歷過的。可惜由於日益加巨的腦部陣痛，醫生只有加重止痛的嗎啡劑量，直到她逐漸失去意識。

我的母親在民國六十年三月因乳癌過世，享年七十。

母親來台後攝於我家花園，她的個性樂觀，總是笑口常開。

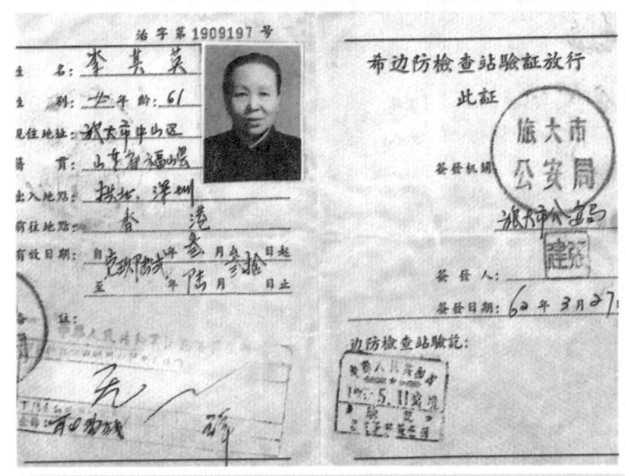

治字第1909197号

名：李其英

别：女 年龄：61

现住地址：旅大市中山区

籍贯：山东省福山县

出入地點：拱北、深圳

前往地點：香港

有效日期：自 年 叁 月 日起 至 年 陆 月 叁拾 日止

註：

希边防檢查站驗証放行

此証

旅大市公安局

签發机關：旅大市公安局

签發人：

签發日期：62年3月27

边防檢查站驗訖：

大陸早期前往港澳的通行證。

大師經典食譜

起士焗明蝦

小時候和父親手牽手去吃西餐，是傅培梅的味覺啟蒙。
長大後她也學著做西菜，紀念父親的愛。
她擅長做的家庭式西餐，就是很容易在家做的西式餐點，
這道「起士焗明蝦」是她的拿手菜。

材料

明蝦　6隻
洋菇　6－8粒
白煮蛋　4個
奶油　1大匙
麵粉　4大匙
清湯或水　3杯
鮮奶油　1大匙或鮮奶3大匙
帕馬森起士粉
（Parmeasan cheese）1－2大匙
披薩起士絲　2大匙

調味料

鹽、胡椒粉　各少許
太白粉　適量

做法

1　明蝦剝殼，抽砂腸，視大小切成二至三小塊，撒少許鹽和胡椒粉醃一下。

2　白煮蛋每個切五片；洋菇也切片。

3　燒熱四大匙油，放入蝦塊炒至九分熟，盛出。放入洋菇再炒一下，加入麵粉，小火炒至微黃，慢慢加入清湯，邊加邊攪成均勻的糊狀，加鹽、胡椒調味。最後加入奶油和鮮奶油調勻，關火。

4　先放下白煮蛋拌一下，盛放入烤碗中，同時放入明蝦料拌一下，也裝入烤碗中，全部裝好後，撒下起士粉和起士絲。

5　烤箱預熱至攝氏220度，放入烤碗，烤至起士融化且呈金黃色即可。

大師的經驗

做西餐，炒麵糊是基本功，它不但可以使湯汁濃稠，也能增添香氣。做濃湯可用1大匙麵粉調2/3-3/4杯的湯；做焗烤的時候，1大匙麵粉則配1/2杯湯的量。

這道菜裡鋪在底層的水煮蛋是神來之筆，吸收明蝦和起士麵糊香氣的白煮蛋，有時候比蝦肉更迷人，平民版本的做法也可以不放明蝦，只做起士焗蛋，一樣好吃。

大師經典食譜 × 起士焗明蝦

Chapter.04

流離歲月

流離歲月、寄人籬下的日子，冰天雪地趕早集，代驢推石磨，種種刻骨辛勞，都是體魄的歷練、難得的心靈考驗。

寄人籬下的日子

石磨重的有七、八十斤，用肚子頂著大槓子向前推動與行走，轉碾幾圈便感到頭暈欲倒。推了幾十分鐘停下來時，腳底就像踏在棉花上一樣漂浮。

一九四六年冬，我陪著新婚不久的大嫂離開大連，到山東去尋找逃在外地的大哥，當時訊息不通，也不知他人在何處，整個大連市都人心惶惶混亂異常。當時我們決定以赴山東煙台老家為第一站。

大連到煙台，坐風船只有一夜五個鐘頭的航程，但我們卻前後出發三次，歷經半個月後才真正到達。

第一次船開出後，半夜遇風向逆轉，桅桿吹斷、船頭破裂，黎明前竟被吹回大連的郊外小平島港，我們身無分文，只好步行三個多小時才回到家。

三天後母親又打聽到有船，便再購票，送我倆出門。到達港口，看見無數的難民扶老攜幼，都擠著上船，等了一天，才輪到我們的那艘可領驗船出港許可、但官員卻指指手錶說已過時間，他要下班，明天再驗。

我與大嫂見天色已晚，便趕搭電車回家，未料我們走後，船行老闆大概行賄官員，又驗過船放行了，待我與大嫂接友人電告再次趕去港口時，只見那船早已揚帆，朝山東方向啟航了。

如此過了一星期，我仍堅持要走，母親拗不過我的決心，只得託人再找船，那時候去山東地區的風船很多，但怕上了黑船遭「人財雙劫」，尤其

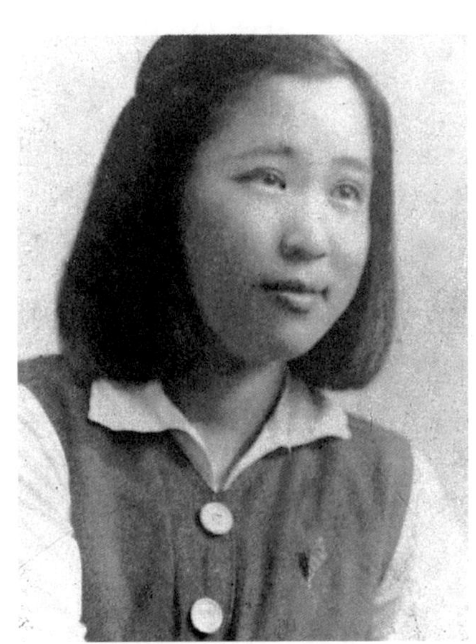

光復後就讀大連聯合女中時，時年十五歲。

我倆是少女與少婦，跟那些粗漢擠在一個大艙間，像沙丁魚，摩擦著過一夜可不行，寧可多花錢找個好的大的新船。

到了煙台，老家早由二伯父佔住，我們去了等於寄人籬下。經過多年的戰亂，只剩下寬大的房宅，生活都靠變賣家俬來度過。小件的東西則由堂姐妹和我，運到集上擺地攤叫賣。不管天氣多麼寒冷，趕集的日子，天不亮就得出門，因為早去才佔得到好位子。

我們用兩三條麻袋舖在地上，放好全部東西，就靠著牆角等人來買，這些東西可是包羅萬象，琳瑯滿目。二伯母頭一天會從各房間搜找出來交給堂姐；有的要擦擦油，或清洗去掉污髒，記得有大銅鐘、花瓶、瓷器、珠簾子等物，每人拎個大藤條編的簍子，運氣好時，可借到自行車載貨。

但早上氣溫都在零下幾十度，戴著手套也不暖和。有的人家不賣貨品，只賣自行煎烤的糕餅類或玉米鹹粥、小湯麵之類，我很想吃點或喝點來暖和身體，卻不敢開口。

這種到集上來擺地攤、叫賣，是生平第一次，大庭廣眾下被人看著，開始時真難為情。我總是低著頭、不敢看人，也不敢說話，後來被堂姐責罵，才硬著頭皮學著嚷嚷幾句。

有些東西在我看來根本不值什麼錢，但堂姐堅持非賣到那個訂價，使我很為難。其實客人多半是過路人，只是開口問個價、吃吃豆腐，還有漫天還妥了價，卻拔腿就跑的無賴，在天寒地凍的零下氣候中，手腳都變得僵硬了。四個多小時的趕集，實在是人生難忘的痛苦經驗。

老家後院角落有一間房，內有一個兩尺半直徑、半尺多厚的石磨，小時候看過工人趕著蒙著眼的小毛驢推磨，那小毛驢只知呆呆的向前走，帶動著石磨將乾玉米磨成細粉。戰後二伯父已請不起工人，毛驢也沒有了，就由他的幾個孩子輪流推，我和大嫂既然來了，總不能白吃白喝，當然被指派去推。

石磨重得有七、八十斤，用肚子頂著大槓子向前推動與行走，轉碾幾圈便感到頭暈欲倒。大嫂說受不了，就叫來堂弟頂替，我則拚命忍住，也學小毛驢閉上雙眼，其實小驢主人是防牠們偷吃糧食才去蒙其雙眼，而我則是怕旋轉太快而閉著眼不敢看。

推了幾十分鐘停下來時，腳底就像踏在棉花上一樣漂浮，身體也站不穩，頭暈得想吐。

二伯母幾乎每天都安排一段時間叫我去推磨，我當時想起母親曾經說過，她早年在老家與老奶奶同住時，常與二伯母兩妯娌爭寵，二伯母總是贏不過賢淑手巧

父親說過，人要隨遇而安，期盼寒冬快點結束，
開春時，天津的塘沽口解凍船可停泊，
我和嫂嫂就能如願北上，去尋夫、依父了。

的母親，現在她終於找到機會，把怒氣全出在我的身上，以折磨我來報復母親當年的受寵吧？

但既已借住她家，只有聽她擺佈了。父親說過，人要隨遇而安，期盼寒冬快點結束，開春時，天津的塘沽口解凍船可停泊，我和嫂嫂就能如願北上，去尋夫、依父了。

我忍耐著，心中憧憬著即將到來的美好時光，把在這裡的「冰天雪地趕早集」和「代驢推石磨」的刻骨辛勞，當著是對體魄的歷練、難得的心靈考驗。

離鄉背井的流亡窮學生

從小未缺過錢用的我，
卻在這裡，僅靠那變賣一袋麵粉的錢，
去精打細算地過生活、辛苦求學。

我之所以打著陪大嫂出外尋夫的藉口，甘冒寒冬之將至而堅持出走，實乃因為我想念父親，從小跟著他，我才快樂，才有安全感。內心更希望他會讓我去北京唸書，繼續深造，於是毅然走上了未知的旅程。

從煙台到天津找著了父親，他不但沒有溫柔的攬我入懷，反而怪我這不負責任的長女，怎麼可以將老母和年幼的弟妹，以及他交代過我的家產、保險庫等重要事務完全不管，就這樣跑了出來。

記憶中父親從來未對我疾言厲色過，當時真是錯愕不已。這時我才知道父親與大哥，離開家後生活過得並不好，原本以為華北的買賣（生意）都還在，那知，抗日勝利後的混亂時局之下，生意、店舖都被他人給佔去了。

一九四七年四月，父親還是把我送到北平一位好友家暫住，並叫我試著考學校。後來我考上半公費（免付學雜費）的民大附中初三插班，該校位於西直門鮑家街胡同，是原來清朝一個王府改建的，有大紅柱子、琉璃瓦頂，屬於中國古代的建築。

當時政府對於逃亡平津的東北流亡學生，所做的救濟措施，就是每月發一袋二十九斤的救援麵粉。我們將麵粉送到附近的小飯館換成現金，用它來當著一個月的開銷、用度，包括了繳校方的伙食費及買「條皂」——一條長達四十公分鹼性頗重、呈灰黃色的肥皂，用來洗臉、洗髮、洗澡和洗衣服，剩下一點錢則用來買書、文具、雪花膏和零食。

從小未缺過錢用的我，卻在這裡，僅靠那變賣一袋麵粉的錢，去精打細算地過生活、辛苦求學，聽起來滿心酸的，不過，在當時，我並未感覺如何的悲慘難過。

不久，為了增加成長期青年學生的營養，政府決定每天每人發給兩個雞蛋，身為班長的我，兼作雞蛋委員，被戲稱為「蛋委」。蛋委每天中午得提個大簍子去

在北平就讀民大附中的窮學生，時年十七歲。

學校後門，裝全數班上同學的雞蛋，住校的同學們多半在晚餐時，帶到大廚房，懇求小廚子給炒熟當加菜吃掉。而我則把它放進臉盆中留著，以便星期天去天津探望在養病（肺結核）的二哥，帶給他滋補身體。

那時候的宿舍是一大長間，裡邊排著六張用兩個凳子架上五條寬木板的簡陋床鋪，下面是空的，可放紙箱（裝書本及衣物等）、臉盆、鞋子等物，我留著的蛋每天兩個，一星期下來積了十二個，但天天早上洗臉時就得往外搬一次（放到床上），後來主任聽說此事，就例外的多加給我一個雞蛋，讓我也補充一點營養。

住校的同學，到了週六下午都各自

我這個關外來的人，尤其是一向唸日本書的，初來乍到文化古城北京，用那捲舌去發音的國語，實在學不來，常常受到當地同學的譏笑。

返家，偌大的女生宿舍（四合院很深的兩進間）只剩下我無家可回，那一夜的留宿十分恐怖，我在天尚未暗，就鎖上全部窗戶及大門，戰戰兢兢的蒙著頭睡，不敢看窗外。

有時已很晚了，遠處（男生宿舍）還傳來當時流行著的電影《夜半歌聲》的曲子：「…風悽悽、雨淋淋，花亂落，葉飄零，在這寂靜的黑夜裡…」。想必那也是一位流亡學生在唱。

第二天（星期日）傍晚時分，陸陸續續的同學都返校來了，那天的晚餐可是最豐盛、熱鬧、開心的，因每人都會帶來幾樣家裡的小菜，瓶瓶罐罐裝著，彼此給同學們品嚐，同時也大談家人的事，我只有強做歡顏分享她們的喜樂。

我這個關外來的人，尤其是一向唸日本書的，初來乍到文化古城北京，用那捲舌去發音的國語，實在學不來，常常受到當地同學的譏笑，愈是想講得正確些，卻連山東土音都出來了：「明天有體育課，憋（別）忘了穿膽（短）衣服來！」「憋」啊「膽」啊，大家模仿著嘲笑著我。

我的家在松花江上

北京騎單車的人很多，尤其青年人，
幾乎每人都擁有這輕便而經濟的交通工具。
在北京我學會了騎自行車（單車），
只學了兩個禮拜天，我就會「自行」了。

那年的年尾，據說在天津，有政府機構收留東北的流亡學生，星期六下午，我就伴著瀋陽來的張樹靜同學，帶著簡單的行囊，搭了火車到天津去與大家會合。每個人發了兩個饅頭，一條毛毯，當天夜裡，大家就亂烘烘的裹著毛毯睡在寒氣透骨的水泥地上，隨著大夥兒唱著「我的家在松花江上」，淒慘蒼涼，許多女生哭成一團。

第二天，我的腰像要斷掉一般，痛得直不起來，看著大家亂糟糟的一團群龍無首，毫無組織的狀況，我決定再回北京去唸書。

在北京我學會了騎自行車（單車），那是一位范姓高年級的男同學，利用星期天操場無人，約我去學。車子是男用的，相當高，待我跨上坐好，他向前推一下便放開手，我就繞著操場打轉。我只學了兩個禮拜天，就會「自行」了。

為了增加膽量，我到校外的胡同（巷子）去騎，出了胡同又彎向石駙馬大街，騎到了底必須快速左轉，殊不知怎的，手把就是轉不動，卡住了。

心中一急，我也忘記捏煞車把，就眼睜睜地往正面那家民宅撞了進去，碰然一聲，連車帶人就摔在門檻上，裡邊出來一位驚惶的中年婦人，一面大罵：「喝！喝！你這是怎麼著啊，大禮拜天『著兒』，一個大清早的，幹麼『著兒』？……」

她拉起壓在我身上的單車，我一直說著：「對不住您啦！」才勉強爬起來，忍著痛推單車回去學校。

范同學一見我手腕、膝蓋都擦破，要拖我去醫務室，醫生不在，他就自己動手，消毒、敷藥、包紮，令我感動不已。范同學是遼寧夏家河子的人，夏家河子是遼東半島最平坦安全的黃沙底子海水浴場，我從小學一年級的暑假，就隨學校的夏令營，每天去那裡游泳，有點像馬來西亞的Rosa Sayan海邊，風景很美。

范同學較我早一年逃出來，在校不但是學雜費全免，還供食宿的公費生，他每晚得看管圖書室，由於同是離鄉背井，無家可歸的流亡學生，彼此心生憐憫多方關照。

過了一個月的禮拜天，他找來另外兩名同學，要陪我騎單車去頤和園玩，把我放中間，左右各一人護駕，他殿後跟隨，就一路去了，北京騎單車的人很多，尤其青年人，幾乎每人都擁有這輕便而經濟的交通工具。那一次是我僅有的一次，在北京的名勝遊玩，當時貧窮刻苦，對於做流亡學生的我來說，這的確是快樂、溫馨的回憶。

雙十年華的我，對人生充滿美麗憧憬。

當天夜裡，大家就亂烘烘的裹著毛毯睡在寒氣透骨的水泥地上，
隨著大夥兒唱著「我的家在松花江上」，
淒慘蒼涼，許多女生哭成一團。

一技傍身，打字謀生

有些中文打字機機器老舊不夠滑溜，推動很費力氣。
一天下來雙肩與背都會酸疼，
右手的二姆指上，也會磨出繭來。

一九四九年七月，時局愈來愈亂，我與大嫂決定離開北京去台灣找大哥，但大哥剛去不久，尚未安定，也沒有錢，於是我們兩人計畫，由天津上船先到青島，到大嫂的姐姐的婆家去住住。

由於大哥寄來的錢不夠，只好買「拉桿」的便宜票，沒有床位，要待在甲板上露宿。船當時是抓公差的商船（由軍方徵調商船軍用）。收益不大，所以賣「拉桿」客，這些費用貼補商船的運費。

傍晚，一位軍官上甲板來乘涼透氣，還與我聊了一下，後來才知他正是要去

青島就任綏靖公署的劉安祺司令。隨後又認識一位張鴻擴少校，去了青島後，他對我們十分照顧，巧的是張少校居然是我大哥在瀋陽加入三民主義青年團時的老師，當然更加親切，世界真小啊！

由於大嫂的姐夫早已去了台灣，她姐姐的公婆對於媳婦的妹妹來，還帶了一個小姑（我）頗為不滿，寄人籬下的痛苦日子，在煙台我已領教過，於是我只有每天一大早到街上去瞎逛，避免與那兩老多見面。

就在不遠的章邱路上，我看到一家打字行。我先是站在門口張望，繼而入內打聽學習情形，然後佇立細看並與老闆閒聊，日久我就慢慢的，自動自發去幫忙打文件的人撿字、刷字盤，漸漸熟悉了舊式中文打字機的構造與功能。

我記得操作時用左手握住字盤的中心把，向左右推動，右手則按鍵，將找的鉛字對準打下便可，有些機器實在老舊不夠滑溜，推動很費力氣。一天下來雙肩與背都會酸疼，右手執鍵的二姆指上，也會磨出繭來。日後看到外子手指也在同樣部位有一硬繭時，他笑稱，那是他摸牌時太過用力，日子久了生出來的。

十月初收到大哥的船票錢，便與大嫂順利來到台灣。來台後寄居在中壢大哥供職的公司宿舍，見父兄的經濟狀況都不甚好，我便主動要求找工作做，沒想到過路青島時學會的打字，竟成了我日後謀生的工具。

事有湊巧，父親說在一次南下的火車上，認識了同座的一位小姐，她（黃美智）是台北一家打字行的主任，於是立刻聯絡上她，介紹我去她位於長安西路的「慶榮打字行」工作，主要是代客打文件，三七分帳。

由於我打的不夠快速，收入很少，對著那黑壓壓的全盤六千七百九十個鉛字排列（直排上下各三十五字，橫排九十七字），找起字來感覺相當艱苦，眼睛尤其疲累乾澀，後來十分熟練了，不必靠眼去找部首，而可憑著記憶打下，雙手推字盤的距離，日久也摸得極為準確了。

翌年春末，我被父親好友介紹到北方幫的大東工業公司（重慶南路七十號）工作，與老闆的秘書董桂生女士同一間辦公室，老闆尹致中先生，在大陸香港都有事業，常常不來公司，秘書就無事可做，我也跟著無所是事，多半就伏案練字。

一年後該公司改組，我被資遣，便又回到打字行工作，這時候已改名叫「中央打字行」，並遷址到重慶南路台灣銀行的對面。我正式升為老師，專門教學生中文打字，閑暇時也自修，練就了英文打字的基礎。

這時父親與兄嫂已遷到博愛路底居住，我上下班都騎自行車往返。

令人回味的OL生涯

如果不是後來遠在高雄的未婚夫，聲聲緊催我的婚事，
我真捨不得結束了這為期僅十個多月，
卻頗值得回味的OL生涯。

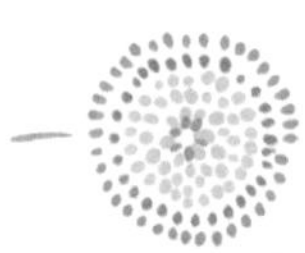

同年有一天，位於成都路十二號二樓的英商Wood Craft（精藝木業）公司，招考打字員，我帶著三位學生前去應考，當我看到那舒適寬大的辦公室及白領衣著，紳士風度的職員們時，一時興起，也想參加考試。

他們說：「妳是老師，當然錄取妳好了。」就這樣，我正式做起了OL（辦公室女士），朝九晚五成為上班族。

這裡的老闆，程保廉先生為人很嚴肅，據說曾是上海聖約翰大學的高材生，經營的公司又是外商公司，都只寫英文信件，我雖然是以中文打字員身份進來，卻

多半打英文信，我雖有一分鐘打五十字的基礎，但一點英文書信的基本常識也未學過，時常打錯格式、字句，犯了許多不該犯的錯誤。程總雖不高興，倒也從未責備過我，反而改用兩支手指在他的小打字機上，打出信稿給我，讓我不會因他寫得潦草而打錯字，非常體貼。

當他出國時，公司上下就活潑起來，「阿拉」、「儂」之聲不絕於耳，我也開始好奇的學起上海話來，「阿拉」是日文中的驚嘆語，怎麼變成了「我」呢？「那能」是「怎麼」，太玄了吧？而且又不按漢字正常來發音，煞是有趣。日後所遇外子公司的同事，多半是上海人，所以與她們在溝通上全無問題，語言真是很好的工具。

我與財務部的陳國安先生（老闆的連襟）及小葉童同在裡間辦公室，每天工作到中午由包飯的江浙小館送來六菜一湯，葷素搭配恰當，清炒紅燒都有，每當接近中午，我總頻頻偷看牆上掛鐘，傾耳細聽樓梯間重重的腳步聲及推門聲，等著收發的工友擺好餐桌，請我們午餐。

那時我還不通廚藝，只感覺每一碟菜都有特色，非常好吃。

老闆出國我無事可做，就自動到外間幫業務部的同事做計算原木（由菲國進口的柳安）的尺寸、才數，並做紀錄。晚上也常加班，我的努力受到公司的肯定，雖然我這唯一的「OL」又不是「自軋寧」（上海話自家人），卻被重視。那時父兄賦閒在家，全靠一點家當和我的收入來維持生活。如果不是後來，遠在高雄的未婚夫，聲聲緊催我的婚事，我真不捨得離開這個職位和那誘人的午餐，捨不得結束了這為期僅十個多月，卻頗值得回味的OL生涯。

在重慶南路工作時，經常騎自行車往返上下班。

大師經典食譜

砂鍋魚頭

流亡學生捉襟見肘過日子的青澀歲月，磨鍊出傅培梅面對生活的韌性。
想起那段年少過往，總會特別想念砂鍋魚頭的滋味，
暖暖的砂鍋燉出醇醇的厚味，就是想家的味道。

材料

鰱魚頭　1個
五花肉　120公克
香菇　6朵
筍　2支
豆腐　1塊
大白菜　600公克
粉皮　2疊
蔥　2支
薑　2片
紅辣椒　1支
青蒜　1／2支

調味料

酒　3大匙
醬油　6大匙
鹽　1茶匙
胡椒粉　1／4茶匙

做法

1　魚頭先用醬油和酒泡十分鐘。五花肉、泡軟的香菇和筍分別切片。

2　白菜切寬條，用熱水燙一下；豆腐切厚片；粉皮切寬條；青蒜切絲。

3　用五大匙油將魚頭煎黃，先放入砂鍋中。再把蔥、薑放入鍋中爆香，接著放入五花肉、香菇和筍，一起炒至香氣透出。

4　淋下剩餘的醬油，加入紅辣椒（整支不用切）和調味料，注入水八杯，大火煮滾後一起倒入砂鍋中，改以小火燉煮一小時。

5　放下豆腐燉煮十分鐘，再加入白菜，煮到白菜夠軟，最後放下粉皮，煮至滾起，下適量調味料後，撒下青蒜絲即可上桌。

大師的經驗

砂鍋的鍋體厚實，特別能留住食物原味，因此用砂鍋燉煮的菜餚，滋味總是特別好，那是透過時間和密閉空間讓食物的滋味充分融合後的美好結果。
我特別喜歡在冬季做砂鍋菜，因為它的保溫性好，從爐火上端到餐桌，一鍋菜餚仍然咕嚕咕嚕滾沸著，充滿團圓的溫暖氣息。

Chapter.05

緣定三生

一句「待人親」定下終身，講究吃食的老公不但是人生最親密的伴侶，也是把傅培梅送上烹飪大師舞台的幕後推手。

「待人親」定終身

北方話「待人親」就是表示很可愛，令人喜歡的意思。於是這一句「待人親」就決定了我的終身大事。

一九五〇年六月八日，當時我在大東工業公司文書組上班，這天中午，被董秘書邀去她家吃午飯，飯後來了三個大連同鄉，其實他們是來相親的，只是當時我被蒙在鼓裡，因為他們怕萬一相不中我，我預先知道了會難為情。

毫不知情的我，活潑大方的應對他們，話著家常，沒想到男方（外子）見我樸實大方又對人親切，十分滿意。回去後告訴他的大姊說：「這個傅小姐還滿『待人親』的！」北方話「待人親」就是表示很可愛，令人喜歡的意思。於是這一句「待人親」就決定了我的終身大事。

外子長得高挑英俊，北方人的身材卻有著南方人的面相。他在給我的第一封信

中，就大談將來我們要如何如何生活，他會怎樣待我，一派我已是他老婆般的語氣。那時期我由大陸來台後，一直與兄嫂同住，日久也常感諸事不便，對婚姻正是十分的嚮往，內心最希望能找到一個同鄉結婚，日後可以順理成章一起回去故鄉。那時期的我，思母心切，幾度想設法偷渡回家鄉去。

外子程紹慶，正是極少數在台灣的大連同鄉之一，祖籍跟我一樣是山東人。他是個內向沉靜靦腆的人，不慣於和生人交談，與第一次見面的女性講話，還會臉紅。有著北方男人特有的，大男人主義思想的他，總認為身為一家之主，無論老婆孩子都得聽他的。正好碰上我這個自小受日本教育，被教導凡事要絕對服從的女孩，自幼在家，又時常受到母親那種老式婦女以夫為天，把服侍丈夫視為生活重心的身教，使我認為一切為他所做的都是理所當然的。

外子與我其實是興趣愛好完全相反的兩個人。他本性多愁善感，無病呻吟、悲觀消極，不敢看文藝片，怕顯露自己內心深處的感傷。愛看熱鬧打鬥的西部片或笑劇。

我哩，則愛文藝片的纏綿悱惻，或音樂片中動人的劇情以及好聽的旋律。但為了討好他，不得不陪著他看自己不愛的片子或電視，沒想到受了他的影響，後來也熱愛起NBA籃球賽，日本相撲大賽及一些運動節目。

數字天才V.S.數字白癡

外子在數字上有一種特殊的注意力和記憶力，
我經常覺得他的腦子像部電腦。
我呢？在很多方面都顯出幹練的樣子，其實不然。
尤其對數字，不但不精明，反而稱得上是「迷糊」！

結縭四十多年來，外子極少讚美過我的衣著打扮或是髮型。我心知他是個不會甜言蜜語的人，又常裝著視而不見，但他很會跟我撒嬌，總要我做些好吃的給他吃。

他的心地很好，對父母尤其孝順，對兄弟們也十分仁慈大方，多次託他任職的船公司（香港分公司）代匯美金資助留在大連的家人。一九六二年，即使在他將父母接來台灣之後，仍舊匯給兄弟三人，不斷接濟他們。

紹慶學的是會計，曾擔任過益祥輪船公司的財務經理，後來升為副總經理，

他在數字上有一種特殊的注意力和記憶力，我經常覺得他的腦子像部電腦。這些能力也發揮在他的嗜好打麻將上。他的麻將牌技一流，十打九勝，大家還給他一個封號——「牌聖」。

我呢？在很多方面都顯出幹練的樣子，其實不然。尤其對數字，不但不精明，反而稱得上是「迷糊」！

打從我開補習班教學，賺了錢都交給他，他自稱是理財高手，我也同意。每次我想買點什麼東西，就向他要錢，他總是大方地給我比所索還更多的錢，讓我開心。

因為我對數字的漫不經心，加上要討好先生，便形成我們家「異於平常」的理財方式，孩子們都認為作父親的「有權又有錢」，是理所當然的一家之主。而身為母親的我，連個銀行帳戶都沒有開過，這個媽媽因為沒有錢，在家中也沒什麼「地位」。

其實我並不在意這些，只要全家人高興，相安無事過生活就好。有一陣子身邊好友經常鼓勵慫恿叫我自己存點私房錢，理由是：

「爹有娘有也不如自己有，丈夫有還得去伸手。」

「何況錢是妳自己賺的啊！」

「怎麼那麼傻！」

「憑什麼都給他？」

私房錢？對！「要『私』自藏在『房』間裡」的錢。

我舉目環視了一下那八疊大的臥房，除了床和茶几就是一排壁櫥，拉開來看，全是兩個人四季穿的長短衣物，結果，我就將那兩萬塊，一萬元一疊，疊折一下，分別塞到兩套掛著的紹慶西裝，靠牆裡那面的口袋中，滿懷得意的認為萬無一失，有「私房（藏）錢」了。

過了一個多月後，有一天早上，紹慶說要上高雄出差，我匆匆地為他挑了一套西裝穿上，送他出門。

晚上，接到他來自高雄的電話：「妳猜怎麼的，我西裝口袋裡有好多錢吶？真奇怪！」

「什麼錢啊？有多少啊？」我一時還沒想到私房錢上面，竟替他高興，後來想到了，又不能承認了，只好悻悻地附和。

結果高雄公司的那幫同事朋友們，見他有筆意外之財，就狠狠敲了他頓竹槓。啊！那可是我辛苦存的私房錢哪！我真是懊悔極了！

良緣遂締情敦鶼鰈，永結鸞儔共盟鴛牒。
一九五一年四月十五日攝於台北，這一天我們結婚。

酸甜苦辣夫妻情

我從那天起，養成了早上出門前，向外子報備一天的活動和工作內容的習慣，這樣的做法，可以讓他隨時隨地找得到我，時時刻刻知道我在那裡、做什麼。

紹慶的牌技被牌友封為「牌聖」，打起牌來十打八贏，每次打完回來，他都要「溫故」一番：那一把打對了，就胡了；那一把如果不是因為上家碰的話，就自摸了。把把都記得清清楚楚，直到上床時還念著、懊惱，有時也高興著。

但是對於人、事、物的記性，他可就不高明了，尤其六十歲以後，不但糊裡糊塗，簡直是混雜不清，他平時就個性急，又喜歡堅持己見，明知自己錯了也不認帳。初時，針對問題，我總愛據理力爭和表明意見，但見他氣得滿臉通紅時，為了減少摩擦，怕他氣出毛病或心臟病發作，只得三緘其口，逆來順受，或乾脆脫離現場，走為上計。

說起紹慶的病，在糖尿病方面，由於飲食控制得宜，情況不錯，倒是心肌梗塞卻成了他重大的致命傷，呼吸器官衰弱無力，末梢血管的障礙日益嚴重，他那雙原本頗為明亮的雙眼，愈來愈無光彩，讓我心疼又心焦，卻幫不上任何忙。

紹慶偶爾會吃醋和生悶氣。有一次他說下班後去同事家打牌，不回來吃飯，我就煮了兒子愛吃的咖哩雞飯，飯後孩子們做功課，再由女傭照顧分別就寢。我則一個人，搭車去豪華酒店，觀賞剛由美國來的名女歌星康尼法蘭西斯的演唱會。原先預定八點開始的，卻因道具遲到，而拖延至九點才開始唱，那歌聲之甜、韻律之美令

一九七八年十月，一家四代同堂。二女婿徐紹欽當時人在美國。

人陶醉又神往，唱出了我所熟悉的名曲，一首接一首，實在過癮之極。

連著三首安可曲後，已接近午夜，叫了計程車快快返家，紹慶的牌局已完，先我到家了。我回家之後，只見他怒目虎視，像要撲過來一樣，我告知去聽演唱會，他不大相信，我出示票根為證，他吼著說：「我一不在家，妳就偷偷出去。」

其實我只有利用他去打牌不在時，才能做點自己想做的事、聽自己愛聽的，已經夠委屈了。為此他三天沒有跟我說話，把臉拉得長長的。

另外一次更是滑稽，一個週末的下午，我去中山北路新亞飯店，與香港來台的陸家夫婦見面（以前在廈門街的鄰居）。不久他們的同事來約要去跳舞，到華僑俱樂部，陸太太硬拖我同去，我內心也好奇想見識一下，只在那裏坐不到半小時，我託詞回家燒飯便離開了。

大概正好被愛多嘴的人看見，第二天告知外子，他回家一臉不高興，吃飯也是拉長了臉，弄得大家莫名其妙，一直持續了一星期，也不與我講話，納悶的我，決心向他問清楚原因，結果他睜大了眼，沒好氣的反問：「妳還有臉問怎麼回事，妳說妳上上個禮拜六，去哪裡啦？」

我真是丈二金剛摸不著頭腦：「上上禮拜六，到底幾月幾號啊？上午去教課，下午去看陸太太⋯，然後⋯」哦！我這才恍然大悟，莫非是什麼人在舞廳看到我了嗎？但那又怎樣？

「怎樣！那種地方是妳該去的嗎？人家會怎麼想？」

「怎麼想？…」。

我從那天起，養成了早上出門前，向他報備一天的活動和工作內容的習慣，並交代和什麼人見面，大概幾點鐘返家等等。這樣的做法，可以讓他隨時隨地找得到我，時時刻刻知道我在那裡、做什麼。

雖然他是多麼希望我能足不出戶，時時刻刻陪侍在他身邊，但他也慢慢的瞭解到我對工作的熱忱、盡職負責，一切都以身作則的個性，對自己的工作甚至有使命感和自豪，不可能放棄不做。

但我無論工作多忙，人在何方，都會天天還在他午睡之前給他打電話，除告訴他我在做什麼之外，問他想吃點什麼（零食），大約幾點我可以到家等等，他的回答永遠是「隨便」。

我衡量他有糖尿病，不可以吃甜食，又因心血管疾病，油膩物不能吃，總是想滷點牛腱、牛筋或素雞，炒些乾果之類帶回去，我百般的討好他，即使他面無表情，不發一語，甚至不吃這些東西，我也不生氣，體諒他一個病人的心情，及落寞的感覺，我只恨無法替代他受罪，與去除那病痛的折磨。

我百般的討好他，即使他面無表情，不發一語，
甚至不吃這些東西，我也不生氣，體諒他一個病人的心情，
及落寞的感覺，我只恨無法替代他受罪，與去除那病痛的折磨。

大師經典食譜

程家大肉

這道菜的正名是「香滷肉排」，也是傅培梅經常在家做的一道家傳菜。程家上上下下都愛吃，不知不覺香滷肉排就變成家裡的招牌菜首選「程家大肉」。

材料

梅花肉　1塊　約900－1000公克
蔥　4支
薑　2－3片
八角　1粒
月桂葉　2片
棉繩　2條

調味料

醬油　5大匙
酒　3大匙
冰糖　1大匙

做法

1 梅花肉用棉繩紮成圓柱形，放入鍋中，用三大匙油煎黃表面，取出。

2 放下蔥段、薑片及八角，用餘油炒香一下，放回肉排，淋下調味料和兩杯半的清水，煮滾後改用小火滷煮，約一個半小時，煮至喜愛的軟度。關火浸泡一小時。

3 取出肉排切片裝盤，滷湯用大火略收濃稠一些，滴入少許麻油，再淋在肉排上。

大師的經驗

烹肉先要挑對肉的部位。「程家大肉」特選前腿梅花肉前端的那塊圓柱型的梅花心，這塊肉瘦肉中帶著軟筋、油花，是前腿肉中的精華，滷起來整塊像日式叉燒肉一樣，肉香凝聚，燒好再切大片入口，吃來最過癮。吃不完的大肉可以切片夾在燒餅裡，變成原汁原味的「中式漢堡」。

大師經典食譜

墨魚大㸆

上海名菜「墨魚大㸆」，是程家另一道招牌菜。
江浙「㸆」功燒出「水乳交融」的濃稠醬汁，
配上軟嫩的五花肉和鮮香的墨魚，難怪桌上有這道菜，大家的飯量都會增加。

材料

墨魚　2條（約900公克）
五花肉　900公克
蔥　6支
薑　2片
八角　1粒

調味料

酒　1／2杯
醬油　1／2杯
冰糖　2大匙

做法

1　豬肉切成大塊，墨魚切成菱角形，分別放入滾水中（水中加酒一大匙），川燙約一分鐘，撈出。

2　起油鍋用兩大匙油將蔥段、薑片和肉塊炒香，淋下酒和醬油炒勻，注入兩杯半的水，用大火煮滾後改小火煮約三十分鐘。

3　加入墨魚、冰糖、八角，再加小火煮至夠軟（約四十至五十分鐘），如果湯汁仍多，再以大火將湯汁燒乾一些。

大師的經驗

㸆是利用文火和長時間將鮮味賦予另一種食材的烹飪手法，跟紅燒很像。

㸆之前要先將薑蔥蒜爆香，再加醬油、冰糖燒出糖色，然後下酒、八角調出紅燒味，等到五花肉釋放出油脂，墨魚塊盡吸五花肉紅燒醬汁，水乳交融的滋味濃郁香甜。㸆的火候和時間要掌控得宜，才能燒到五花肉入味，又不至過於軟爛。

大師經典食譜 × 墨魚大㸆

學無止境

只要有恆心和毅力，天底下沒有什麼是學不成的。
有什麼事想要做，就一定要馬上去做，
哪怕後來做不成，至少已經試過了。

Chapter.06

虛心學菜，不恥下問

我為學做菜，真是花了不少的心思和金錢，我一向愛惜羽毛，做法不正宗不願教，深怕做的不道地讓人看笑話。

我學做菜，隨時都抱著研究的精神，不恥下問。

早年一位學員（林秋江夫人）問起她所吃的一道菜，上菜時油還在盤裡翻滾，上面還有很多大蒜。

這是個啥？我也沒吃過，於是找到復興園，照她形容的講給跑堂的聽，要點這樣的菜，跑堂操著蘇北口音告訴我說：「哦，那是炒鱔糊！」

上菜後我就邊吃邊研究，人家是怎麼做的。第二天就立刻買了鱔魚回來如法炮製。做出來覺得不夠道地，就再去吃一次，回來再實習，終於摸清楚了做法，可以告訴她了。

像這樣子「虛心偷學」所研究出的菜式實屬不少。

記得一家有名的楓林小館，某學員說那店有一道甜甜酸酸的，一大片豬肉連著細骨的菜，叫「京都排骨」，我就按址找去，點那京都排骨，但怎麼也想不透為什麼骨頭會那麼細，肉卻又長又嫩？

實驗了多次，實在做不出來。於是找關係，出高酬，請那家餐廳的師傅來家裡教我，原來他們將豬小排自每一骨頭的中間，用刀劈開來成兩半，骨頭只有原來的一半粗，當然細得很啦。難怪這種醃過又炸，再配上甜酸醬汁的特殊排骨，人人愛吃。

我為學做菜，真是花了不少心思和金錢，我一向愛惜羽毛，做法不正宗不願教，尤其後來上電視教做菜，更是不敢馬虎，生怕做得不道地讓人看笑話。

我一向認為只要有恆心和毅力，天底下沒有什麼是學不成的。我的個性很急，有什麼事想要做，就一定要馬上去做，不論多苦多難，也要試試，哪怕後來做不成，至少已經試過了。若是不試，心裡老是不平，想起就後悔不已，也許會難過一輩子。

「可他次」與「蹦咖哩」作伴的留學生涯

由於對烹飪教學有著強烈的求知慾，我決定到日本「東京女子營養短期大學」上課，赴日做短期的進修。

一九七〇年我做了高齡留學生。由於對烹飪教學有著強烈的求知慾，我決定到日本「東京女子營養短期大學」去上課，當時已在台視主持了七年的電視節目，仍覺得對食品知識不足，於是徵得外子同意，赴日做短期的進修。

出發的前一夜，百感交集，對丈夫的歉疚與感謝及對公婆無法克盡孝道，以及對子女的不忍，讓他們身邊沒有媽媽照顧，我內心交戰著，說得好聽是事業心重、求知慾強，事實上不是任性自私嗎？

第二天紅腫的雙眼，我還是狠下心走了。我在東京豐島區的女子營養短大對面

巷內，租了只有四個半榻榻米大的小閣樓，除了一個勉強可以轉身的便所，只有一個水龍頭和一具單口小瓦斯爐。為了節省開支，我只買了一床棉被，一只枕頭另加一個日本人家家都有的「可它次」。

那是一個兩尺半四方的矮桌，中間有個一尺四方的罩子，內裝有電熱管，面上覆蓋棉被或毛毯，再壓上方型

一九七〇年赴日本攻讀營養。

> 在那留學刻苦日子裡吃的「蹦咖哩」拌飯的經驗，
> 讓我日後走上食品研發、工業化的道路。

桌板面。一般日本人可說整天都離不開它，休息喝茶吃點心，以至讀書寫字都在上面。

夜晚木造的閣樓透風，我就穿著大衣鑽在「可它次」下面睡，以取暖。下課回來後，有許多作業和查不完的生字，每天晚餐固定吃最便宜的「蹦咖哩」拌飯，那是一袋糊狀咖哩汁，用熱水燙個三、五分鐘，撕開淋在白飯上，雖然標示有著牛肉、豚肉，但根本找不到什麼肉片，只看到紅蘿蔔丁及洋芋粒。

現在台灣的速食牛肉麵附的袋裝調理牛肉，就是後來我率先與統一研究開發，引進那種包裝技術的成果。

說起咖哩料理，我讀小學時，校方的營養午餐常常供應咖哩飯，這種糊狀略帶甜辣的口味，拌在飯中相當容易吃下。當校方廚房熬煮時，教室和走廊都可以聞到那股誘人的香氣。

長大後每次去日本，我總喜歡到咖哩專賣店去，吃上幾種不同主料的咖哩，巧的是我的孫子謨舜也是咖哩的同好。除了世界各地著名的咖哩之外，日本人自創的咖哩，具各家特色的也頗多，實在可稱得上是咖哩天國呢。

回國後，有一次在經濟部長李國鼎先生的宴會裡（婦女之家），我提到日本肉料裝袋的「蹦咖哩」之方便時，他還鼓勵我，應該找一家食品公司合作，在台灣也開發，並推薦統一、味全等大廠。但沒有生意頭腦的我，一直未去進行，不料三年後統一公司的研究課李華陽課長主動前來與我接洽。在那留學刻苦日子裡吃的「蹦咖哩」拌飯的經驗，讓我日後走上食品研發、工業化的道路。

艱苦的留學生活持續了一學期，當收到孩子們的來信表達思念之情，我讀了辛酸不已，幾度興起中途輟學的念頭。就在期末考前兩天，獲知初中二年級的美琪，患肝炎住院的消息，翌日我便整裝返台，也帶回了長久與我生活的「可它次」，後來出版的許多食譜初稿，幾乎都是趴在「可它次」上完成的。

咖哩雞

大師經典食譜

咖哩飯曾經是陪伴傅培梅度過留學日子的速簡晚餐，因為那時候建立起的革命情感，傅培梅偏愛微甜溫和的日式咖哩。正巧孫子謨舜從小也是咖哩同好，這道咖哩雞是祖孫倆都愛的一道菜。

材料

雞腿　2支
馬鈴薯　1個
胡蘿蔔　2支
洋蔥　1／2個
大蒜屑　1大匙

醃雞料

醬油　1茶匙
太白粉　1茶匙
水　1茶匙

調味料

House咖哩塊半盒
水　2又1／2杯

做法

1　雞腿剁成小塊，洗淨，拌上醃雞料醃入味。

2　馬鈴薯切成大的滾刀塊；胡蘿蔔削皮切滾刀塊；洋蔥切寬丁。

3　用二大匙油炒香洋蔥丁和大蒜末，再加入雞塊炒香，取出雞塊，鍋中加入水，煮滾後加入馬鈴薯和胡蘿蔔，改小火煮約二十分鐘，雞塊入鍋續煮十分鐘。

4　加入咖哩塊，煮至咖哩塊全部融化即可。

大師的經驗

從前燒咖哩雞，要用大蒜炒香咖哩粉，再放洋蔥同燒，民國七十四、五年時我在日本發現了House咖哩塊，從此做咖哩容易多了。我覺得House咖哩塊的調味正好，一盒配五杯水，半盒就配兩杯半水，燒出來的咖哩雞偏日風。

如果咖哩中有馬鈴薯、胡蘿蔔等蔬菜，需要耗些時間燉煮，水要再多加一些，約加三杯半，待湯汁濃縮為兩杯半時再把咖哩塊加入同燒。

大師經典食譜 × 咖哩雞

教學相長的日子

一九六一年，傅培梅在自家院子架起炭爐，開始開班授課教人做菜，正式展開她的烹飪教學事業，也因為這樣的教學相長，讓她累積更多經驗。

Chapter.07

初為人師——中國烹飪班的設立

通常下午班兩點上課，但我在一點鐘便得著手準備，搭棚建的庭院教室通風雖佳，但雨天由牆角滲雨水，夏天又正好西曬，與爐火為伍灑汗教課，辛苦倍嘗。

一九六一年四月我在和平東路三段八十九巷的自家院內，搭起竹棚，擺張八仙桌，架起木炭爐，開始教菜工作。

第一期的學員只有八人，包括了國產汽車的張淑娟、外科林秋江的夫人，和波麗露西餐廳的廖小姐、兩位台大教授的太太，以及營造廠的趙太太等人。每次上課的材料由我買，費用則大家分攤。

炭爐子的火候很難控制，加上我當時的經驗畢竟仍屬不足，常常做得不盡理想，我很坦白地先自我檢討，向學員道出那道菜的失敗之處，以期她們回去不要犯同樣的錯誤。

這個自我檢討的個性，一直延續到數十年後的今天，在電視教菜節目中還常出現。我認為，人非聖賢，孰能無過？知之為知之，不知為不知，千萬不要為了面子誤人子弟。尤其烹飪這門學問，過程中的變化難以預料。

當年，我的學生都靠我自己用「招貼」招來的。

在我決心要開班授課後，就利用外子晚上出門打牌時，拿著漿糊包輛三輪車，沿路到各菜市場張貼自己寫的紅字條：「教你做菜、地址：和平東路X段X號」。

就這樣自和平東路的三段、二段，一路貼到後火車站的建成市場。回到家晚上心裡還七上八下的，擔心夜裡

台北市私立短期補習班立案證書
班　名：
班　址：台北市和平東路
設立人姓名：傅培梅
科　目：中菜烹飪科
核准立案年月文號 民國五十年五月十六日
局長 盧啓華
中華民國五十年 五 月 日發

一九六一年烹飪補習班的立案證書。

下雨會把我辛苦貼的紅字條沖刷掉了，一星期內，斷斷續續地有人找來了。

外子知道後非常反對，怪我「找些不三不四的人來家裡」，所以我就利用外子上班、孩子上學，大家都不在家的下午時間「偷著教」。

在當時，家庭主婦大都不太會做菜，更不知外省菜究竟有多少省分，那時我已經系統性地學會了中國六大菜系，是少數能融合各地特色的人，既然大家想學菜，又到處找不到名師，加上我因學菜，已花掉那麼多的錢，急需賺點來彌補一下，就這樣教學相長，我累積了更多的經驗。

後來名聲漸漸傳揚出去，有更多人要來上課，我便去訂製了幾張課桌椅，拼擺成U字型，在中央架個爐台，靠牆邊接上自來水清洗廚具，以免裡裡外外老往廚房跑。

教烹飪最辛苦的其實是買菜，早上八點不到就提著兩只大菜籃，由坡心站搭十五路公車去南門市場，按預先抄下來的單子（當天下午班及晚上班共八道菜）一樣一樣的買，主料要選新鮮的，要大小尺寸適中的，肉類則去肥揀瘦，還得顧到成菜後的形狀美觀，因此要買比需要的分量再多些，以便修整。

蝦類每隻都需雙指捏起，試看頭身是否緊連。青菜更是分別在攤位中選購最漂亮的，因為我所用的都會擺在數十隻眼睛面前，稍有不對，學生隨時會提出質疑，一點都輕忽不得。

生鮮料買完了，還不能忘記採買乾貨、佐料，待兩大菜籃裝得滿滿之後，彎著腰提到公車站，伸兩下腰桿，公車來了，先放一個籃子進去，再提另外一隻菜籃上車，女車掌不耐煩早已按下鈴，示意司機開動，同時拉起車門，幾乎把我夾住，我只能站在門前的一階等到下一站公車停住時，才能邁步上去，擠到後面。運氣不好時可能一路都站著，兩腿頂著菜籃，怕車晃時籃子倒下，遇到下雨天，因雙手提菜籃，無手可撐傘，只好在頭上包一方塑膠布，任雨淋打，幸好下車後，步行路程只有五分鐘便可抵家。

通常下午班兩點上課，但我在一點鐘便得著手準備，搭棚建的庭院教室通風雖佳，但雨天由牆角滲雨水，夏天又正好西曬，與爐火為伍灑汗教課，辛苦倍嘗。逢有颱風警報時，我也得備妥材料等候學生（當時電訊不便聯絡困難），即使來三、五人，我仍照教，賠本虧錢也在所不惜，以免學員們徒勞往返。

知之為知之，不知為不知，千萬不要為了面子誤人子弟。
尤其烹飪這門學問，過程中的變化難以預料。

引領烹飪熱潮

民國六十年初我的中國烹飪班正式向教育局立案登記，學生結業經考試及格可獲證書。不久因台灣退出聯合國，許多人移民國外，為求一技之長來學烹飪領取證書的人特別多。

中國烹飪班設立的第二年，外交部禮賓司司長顧毓瑞夫人為首的二十餘位女士前來包班學菜，其中許多人的先生後來都成為駐外公使或大使，她們赴任外國時，必須要學幾道像樣的中國菜以饗外賓。三十年後我訪問南非，與楊西崑大使、桂公使見面，他們都稱我「傅老師」，一問之下才知道原來他們的夫人都曾是我的學生。

另外，中央信託局的女職員們也來包晚班。她們是聽了局長王慎名夫人的口碑而來的。為了讓這些下班及趕過來的學生們多吃一點，我常不計成本增加材料烹

煮。

後來，台北東區忠孝東路四段開了第一間超級市場，頂好公司的老闆李鴻文先生特別邀請我到超市的二樓設班，那裡交通方便，教室夠大夠寬，課桌可擺四排，每排可坐十六人。李老闆的條件是收入對分，我毫不考慮就接受了。籌備就緒順利於十二月開張，開幕之時還舉行了一個小小的開幕酒會，熱鬧非凡。

民國六十年初，我的中國烹飪班正式向教育局立案登記，學生結業經考試及格可獲證書。不久因台灣退出聯合國，許多人移民國外，為求一技之長來學烹飪領取證書的人特別多，美國在台協會（領事館）還委託我甄試

在家中開班授課，許多外籍夫人來參加學習。

烹飪教室設計成梯階式，上有反射鏡，即使坐於後排也可以看得很清楚。

申請赴美擔任廚師的術科考試，當時馬康衛大使夫人也率部屬的女眷們來報名上課。

我的補習班每天三堂課，分為上、下午和晚上各一班，上午是日本太太班或美國婦女班。這段期間我培養了兩位教師，一男一女分別是鄒宗毅（歌星鄒美儀的大哥）及陳盈舟老師，以分擔我的勞累。

一九七四年頂好收回教室改建為餐廳，於是我又搬回了和平東路，在三段七十號的二樓租屋，繼續烹飪班的教學工作。

當時年紀輕，體力好，一站就是七、八個小時，全靠衝勁足，否則這種一日數班授課的辛苦，恐怕一般人是撐不下去的。每次看到學生們聚精會神注視我的烹飪動作，聽到重點、要訣時埋首筆記，或品嚐過我教做的菜餚後，那一臉歡愉的表情，都讓我深感為人師的自豪與滿足。

一九七七年，與家兄在永康街六巷底的麗水街口合建的新樓完成，便一舉將教室與住家都遷到那兒，分佔二、三樓。三樓是住家，二樓是教室，我們一家六口老、中、青三代夫婦同住三樓，後來又添了孫子，程家四代同堂，倒也其樂融融。我會做這個安排，就是因為事業、家庭可以兼顧，時間運用可自作安排。

搬了新家的中國烹飪班，教室也作了一些嶄新設計，我請人在爐台及工作檯上方，斜吊起一面巨大的鏡子，使後排學生也可以清楚看到前檯操作的情形，同時學員的桌椅，也做成階梯式設計，使大家不必引頸張望，左顧右盼。

這個貼心設計引領烹飪班的風氣之先，當年有些人也想開班，還來這裡偷偷拍照，仗量尺寸做為模仿。

每次看到學生們聚精會神注視我的烹飪動作，
聽到重點、要訣時埋首筆記，或品嚐過我教做的菜餚後，
那一臉歡愉的表情，都讓我深感為人師的自豪與滿足。

軍中教學

每兩週一次的軍中「傅培梅講座」共持續了五年，
風塵僕僕地為阿兵哥授課，
雖然很累，卻有著為國家做事的榮譽心……

台灣的經濟名列亞洲四小龍之一，社會上經濟繁榮，飲食上的要求已由吃得飽進入吃得好，還要食不厭精、膾不厭細，不但民間如此，保衛台灣的三軍將士伙食，也跟著邁入提升到豐盛之途。

一九九三年陸軍後勤司令部補給署，開辦了「陸軍食勤訓練中心」，將分駐在各基地部隊之食勤人員，分批徵到中心受訓，以期提升膳食水準，使官兵吃到變化多又美味的菜餚，也增加旺盛的士氣與充沛的體力。

訓練內容相當豐富，包含了對食勤裝備（廚具）的使用與保養、菜單設計、營養淺釋、衛生常識等。主要是講授中菜的文化歷史及菜系、特色、技術及調味重

點等等。

每期第一節上課，大家彼此不熟悉，我總是手一指，叫坐在前排最靠左邊的一位出來，在白板上畫一個中國地圖。他畫得四不像，似鴨又似瓜，惹得全班哄堂大笑，但也因此拉近了彼此的距離，我就由中國的地域、省分開始講述中國菜的特色了。下午則教授材料的切法（刀工）及烹調實技。我盡我所知傾囊相授，使這些軍中的年輕人，能多了解些中國菜的做法。在日後如何利用有限的伙食費，多求菜式之變化以增進官兵的食慾。

一九九四年為了精進三軍伙食的品質，以及提升食勤人員作業技能，舉

為三軍食勤人員講授中國飲食及烹飪綱要。

辦了第一屆食勤兵烹飪大賽。由各軍團，舉薦優秀炊事兵參賽，藉著切磋技藝也可瞭解部隊伙食之水準。我當天擔任裁判長，並向前來參觀的上級長官解說比賽的規則。學科測驗與術科競技各佔百分之五十，因此必需手腦並用才能獲勝。每兩週一次的軍中「傅培梅講座」共持續了五年，風塵僕僕地為阿兵哥授課，偶有塞車情況，心急如焚，責任心重的我，生怕誤點，留下不守時的壞印象給學員，雖然很累，卻有著為國家做事的榮譽心，加上見到年輕人的快樂感，每當看到他們聚精會神地聽課，一邊手不停地做筆記，便覺得十分安慰。

美中不足的是，我的喉嚨受過傷（在民國八十四年十月十五日因咳嗽就醫，中山醫院將消毒藥水當成咳嗽藥水發給我，我喝下後灼傷了氣管與聲帶），之後經常每講個三、五句話，喉嚨就像黏住，閉塞而無法出聲，需要馬上喝一口水潤開喉嚨，所以常常會接不了下氣，十分辛苦，因此便停了下午的課，只教上午四節。

一九九八年初，我因為肝癌開刀，不得不中輟長達五年深具意義的軍中教學工作。

（上圖）由各部隊派遣來受訓的食勤人員都要接受烹飪講座課程。
（下圖）軍中烹飪比賽邀請我擔任裁判長，賽後與得獎者及長官們合影留念。

桃李滿天下

我一再強調，中華料理可舉一反三，
做菜只要學會調味和烹飪技法之後，
再活用智慧去發揮創意，就能運用巧思發揮自如了。

教授烹飪三十多年來，我從未登報做招生廣告，口碑都是由學員口傳或新聞採訪報導而來。我對自己教菜的內容與態度向來有自信，知無不言，言無不盡的個性，使我毫無保留甘心施教。每道完成的菜餚一定親自嚐過，先自我批評優劣，再分給學員吃，並告訴他們應注意的事項。

味覺因人而異，對菜餚的接受度也不盡相同，但每道菜總有一定的標準尺度，淡而不能薄、甜而不可濃、辣而不能烈、肥而不要膩，都是基本信條。

我也一再強調，中華料理可舉一反三，比如學會了宮保雞丁，就可變化出宮保

魷魚、宮保蝦仁，甚至宮保雙脆等。有時學員們也會笑稱傅老師總是買一送一，有時還買一送三呢？做菜只要學會調味和烹飪技法之後，再活用智慧去發揮創意，就能運用巧思發揮自如了。

為了核發結業證書，我設計了術科考試，初、中級與高級班的題目不同，但絕對可以看得出高低。學員要自購材料現場製做，考驗他們的刀工、火候、調味等，雖然學員們多半都能過關，卻很少有人獲得滿分。調味料的下鍋，會因先後順序不同而直接影響風味，最重要的還是要掌握住過油的油溫，時間長短和鑊動的速度快慢，都能影響成品的好壞。

一九六七年以推行社教有功獲得高玉樹市長贈獎。

中國烹飪班的畢業證書，在國外相當具有權威性，憑著證書就可以開業或就職，因此常有熟人前來說項，情商為其子女、親人不上課而領取證書，或付錢想買證書，我都一概婉拒。畢竟是多年維護的金字招牌，可不能因為人情或金錢而傷及清譽。

中國烹飪班在一九九〇年，因為我萌生退休之意而寫下了休止符。當時外子的身體每況愈下，我想利用時間在他有生之年多陪陪他，另外當時的「新新人類」及職業婦女型態的生活轉變，大都不愛下廚房，新式的廚房設計都是與客廳相通的開放空間，怕油煙，又懶於打掃，使得現代婦女紛紛遠庖廚，為此，學菜的盛況不再。

我這整整三十年，多彩多姿的烹飪補習班、教學相長的生活於焉告一段落。

南洋商報 星期副刊 一九八三年十一月二十日

色香味不簡單 傅培梅談廚藝

篤信大胆和心細・興趣加耐心

家庭美滿・四代同堂・沒有代溝

・本報：黃水運專訪

刀工和火工

讓更多人學中菜

Flair RAND DAILY MAIL, Monday, October 4, 1982

Madame Fu cooks up a f

MOLD SAN-SZE SOUP

世界日報 中華民國七十四年三月十一日

傅培梅到澳洲傳播 中國吃的藝術

應澳畜肉會之邀 會晤當地烹飪專家

●鍾麗珠

做菜只要學會調味和烹飪技法之後，

再活用智慧去發揮創意，就能運用巧思發揮自如了。

大師經典食譜

柴把鴨湯

柴把鴨湯是一道湖南老菜，傅培梅在自家院子裡教菜時，每次示範完這道菜，助教都會把吃不完的柴把鴨湯，留下來給程安琪姐弟三人享用。「融合了扁尖筍、香菇、火腿和鴨子鮮味的湯，非常好喝，問題是柴把從來沒有完整過，因為都被學生們先挑著吃掉了。」程安琪笑著回憶，老是喝不到完整柴把鴨湯的童年往事。

材料

鴨子　半隻
大冬菇　3朵
火腿　1塊
鴨肫（或雞肫）　2個
扁尖筍　3個
乾瓢　1把
豆苗　適量

調味料

鹽　適量

做法

1　鴨子煮或蒸熟後，取出放涼。拆去骨頭，把肉切成約五公分的粗條，需十二條。

2　香菇泡軟，切成十二條；火腿蒸熟，切成十二條；鴨肫每個切成六條；乾瓢泡軟；扁尖筍泡水約一至兩小時，切下尖端較嫩的部分約五公分長，切下兩段，撕成細條。

3　將每一種材料選一條，成一束，用乾瓢綁好成柴把狀。將柴把放在湯鍋中，再加鴨架子、火腿帶皮肥肉、扁尖筍老梗和泡的水、泡香菇水，一起放入鍋中，加適量的水煮滾，改小火煮一個半小時。

4　把柴把揀入湯碗中，湯中的骨架撈棄，過濾，適量加鹽調味，再加入摘好的豆苗，一滾即倒入湯碗中。

大師的經驗

扁尖筍是一種筍乾，在大的南北雜貨店有售，有大支、捲成球狀的扁尖筍和扁尖筍嫩尖兩種。球狀的香氣較足，但要泡水使它軟化，嫩尖只要沖洗一下，泡十餘分鐘即可使用。
注意熬鴨湯時火不可太大，以免湯汁混濁。

大師經典食譜

鎮江肴肉

「鎮江肴肉」是傅培梅很喜歡的上海名菜，她的肴肉做得道地，食之不膩，且有香、酥、鮮、嫩四大特色。克紹箕裘的程安琪每次提到這道菜，都深深婉惜，因為這道菜她始終沒有和母親好好學，就連傅老師的學生也沒有學到精髓。

材料

豬腿肉（蹄膀肉）　1公斤

鹽水老滷　10杯

薑絲　適量

醃料

硝　1茶匙

花椒　1湯匙

鹽　1湯匙

做法

1　將蹄膀肉切開成一大片後，在肉面上擦上硝及炒過之花椒與鹽，揉搓片刻後，放入冰箱中醃三天（需翻面兩次）。

2　將肉整塊在開水中燙一下（約三分鐘），再放進鹽水老滷中用小火煮二小時（如無鹽水老滷則用雞湯加適量之八角、小茴、花椒等香料，與鹽煮出香味來代用）。

3　待肉稍涼後，分開肉皮與瘦肉部分，在一個方形模型中，先鋪上肉皮（肉皮表面朝下），再將瘦肉拉散鋪上，最後在肉上面放置重物緊緊壓實使肉凝結。（天熱需放進冰箱中。）約一天後便成肴肉。

4　取出後切下需要之量，再切成一寸寬、兩寸長、半寸厚之塊狀，排在碟中，配以薑絲，即可送席（沾香醋食用則味更佳）。

大師的經驗

肴肉是鎮江、揚州之傳統名菜。因成型後晶瑩透明，故也名「水晶肴蹄」。好的肴肉從醃製、滷煮到裝壓成型，每一過程都要仔細掌握，才能恰到好處。食時佐以鎮江香醋、薑絲別有風味。但要注意「硝」不可使用過量，現代醫學已證明多食硝易致癌，因此要特別注意，家庭製做也可以不放硝，肉色雖不變紅，但不影響風味。

Chapter.08

生平第一遭電視教學

一九六二年十月台視開播，傅培梅應邀上電視教家庭主婦做菜，成為中華民國電視史上第一位烹飪老師兼節目製作和主持人……

第一次上電視就出糗

那把借來的刀鈍得魚頭都切不下，急得我滿頭大汗，切花也像鋸東西，來回拉上好多下，等我把魚沾上麵糊炸熟時，已見導播在用手指畫圈圈……

一九六一年我開始在自家院子裡設班教菜，很快就求教者眾多。隔年台灣經日本技術協助開創電視事業，台灣電視公司在一九六二年的十月十日正式開播。初初開播一天只有中午和晚間播出數小時的黑白畫面。台視開播不久，我經由一位學生推薦，與「幸福家庭」的節目製作人孫步菲女士見面，很快就談成了我的電視處女秀。

當年的烹飪節目屬於婦女節目的一部分，另有插花、服裝、美容、兒童保育，共分為五個單元，各播出一天。當時會去上電視純粹出於好奇，加上學生們一致鼓勵打氣，因此就打鴨子上架。

我被安排在十二月的第三週（禮拜三）上節目，母親為我連夜趕製了一條圍裙，當天陪著我去，幫忙拿東西，孩子們更是自告奮勇端爐子、提材料、抱碗盤，差一點連計程車都坐不下去。

現場播出的節目需要配合時間，我在走廊外邊，早早把炭火生好，等攝影棚大門開啟，進去擺妥炭爐、材料，這才發現不得了，竟然忘記帶菜刀來，真是百密一疏。

當天要做的菜是「松鼠黃魚」，不但要剔下魚骨、取肉，還要在肉面上切一排排的尖粒花刀，這許多動作沒有菜刀怎麼做？弄得我心急如焚。AD（現場導播）路長華小姐建議我快去

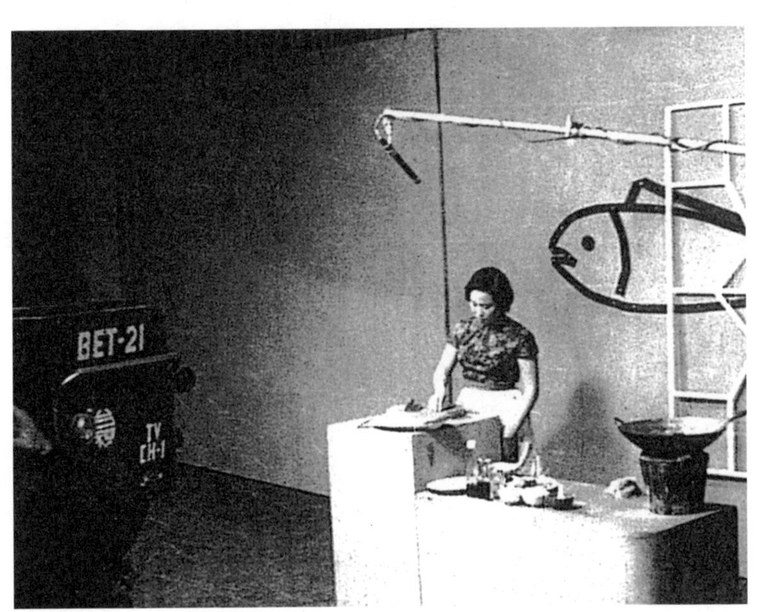

一九六二年十二月第一次上電視表演，用木炭爐子升火。因為示範做溜魚，佈景板上便畫了一條魚做背景。

公司員工餐廳借一把。

當時的搭景十分簡陋，那天灰色的佈景板上，畫著線條簡單的一尾魚，爐台、工作台都是木板釘的、空心不牢還晃動著、像隨時會倒塌。待爐子的火已不旺了，才叫我開始，那把借來的刀鈍得魚頭都切不下，急得我滿頭大汗，切花也像鋸東西，來回拉上好多下，等我把魚沾上麵糊炸熟時，已見導播在用手指畫圈圈（叫我快結束），心想那怎麼可以？我做事向來有始有終的，就不管她怎麼畫，還是匆匆炒料、煮汁、勾了芡，淋到魚上，當時急得連一聲再見也來不及說，就結束了生平第一次的電視教學。

守在家裡收看的外子，一見我回來就說：「妳慌慌張張的，做得可真差啊！」其實我心裡早在懊悔著不該去的，丟人現眼的全被人家看到了（幸好當時中南部收視不到，台北的普及率也並不高）。

沒想到一星期後，製作人孫小姐又來請我，並告知上次播出過後，接到不少觀眾對我的好評，她拜託我再去一次，於是又挑起了我的好強心。

第二次我示範了另一道高難度的菜「紅燒海參」，從如何發泡到出水、煨、燴、爆、燒全部過程都交代和示範完整。

初為製作人

由於現場即演即播，不能NG，
也不能喊「卡」（cut）叫停，
有時明明切到手指或燙傷了，
也不可以中止，只得忍疼繼續到做完。

隔年起幾乎一個月兩次，受邀上烹飪教學節目，並且從這一年的八月分，公司另外開闢一個名為「星期餐點」的節目，由我專門負責製作兼演出。後來孫女士隨外交官夫婿外放，將她原先製作的這個三十分鐘的烹飪節目，也交由我負責製作，並改名「每週一菜」。

為了讓觀眾對中國菜能有系統的認識和學習，我每個月介紹一個省分的代表性菜餚，例如粵菜中的蔥油雞、咕咾肉、蠔油牛肉、豉汁排骨，菜色很傳統但並不高價，一般家庭可以輕易學習做到的。川菜就教大家熟悉的棒棒雞、魚香肉絲、辣豆瓣魚、麻婆豆腐等。我儘可能去聘請正宗的餐館老師傅，來示範這些屬於傳統的名菜，有典故的菜我還預先去查證出來歷，以做說明。

由於當時的電視節目全是現場同步播出，即使有失手也無法掩飾遮蓋，一切都赤裸裸披露在觀眾眼前，為此我十分擔心，遇到手腳慢的師傅，我在一旁要輔助、提詞、幫腔和控制時間。一般廚師都在做事時不講話，一請他講解，他就停手不做事，時間往往無法控制得恰到好處，以致於匆匆結束。萬一他們失手時，我看在眼裡更只能乾著急，還得拚命想點子打圓場，為他們留面子，以免場面尷尬。

「星期餐點」的節目內容包括了「西餐」、「西點」及「中國點心」、「麵食製品」，可謂包羅甚廣，很受歡迎。當時有名的西餐店如美而廉、美心、東方、大華等的主廚經常來上節目，示範有名的西餐。麵食方面，正好有小麥協會附屬的麵食推廣委員會的專職老師可前來教導，讓家庭主婦學到許多不同的日常麵食，各類包子、糕餅、饅頭、餃子、燒賣和麵條，她們來上節目時，浩浩蕩蕩用小卡車搬來全部用具。

我還邀請美國太太們在電視上示範道地西方食物，例如現在十分普遍的漢堡，一九六四年五月我邀請駐台美國海軍眷屬Mrs.Singarton在節目上示範教做，當

早期的烹飪節目，需要先在黑板上將材料的名稱與分量用粉筆寫好，用一根指揮棒邊指邊唸，佈景都是手畫的柴米油鹽等罐罐瓶瓶。

「傅培梅時間」是台灣地區第一個帶狀的烹飪教學節目。

時的名字叫「美式牛肉餅」。同年十二月聖誕節前的節目中，請來Mrs.Ellen示範「烤火雞」的做法和吃法，讓觀眾開了眼界。一九六三年年底的一集節目中，Mrs.Ibort用當年台灣滯銷的香蕉做出的「香蕉蛋糕（麵包）」，可以算是這一系列外國食譜中最轟動的一集，不久台北的西點麵包裡香蕉蛋糕大發利市。

這個內容豐富的「星期餐點」後來改名叫「週末餐點」，持續了四年。而我的另一個節目「每週一菜」，在一九六五年也改名為「家庭食譜」，未料竟然在每半年續約一次的狀況下，一連做了二十一個年頭。

早期的烹飪節目，需要先在黑板上將材料的名稱與分量用粉筆寫好，用一根指揮棒邊指邊唸，佈景都是手畫的柴米油鹽等罐罐瓶瓶，與現在新式的流理台、現代化的小家電、鮮花水果做裝飾，真是不能同日而語。由於現場即演即播，不能NG，也不能喊「卡」（cut）叫停，有時明明切到手指或燙傷了，也不可以中止，只得忍疼繼續到做完。

1	3
2	4

1 「家庭食譜」在一九七七年獲得金鐘獎（社教節目）。

2 烹飪電視教學自一九六三年迄今，創下個人主持節目最久之世界紀錄；以個人名字為節目名稱在台灣也屬創舉。

3 台視的「家庭食譜」烹飪教學節目滿二十年，公司舉行慶祝活動（與當時石永貴總經理合切蛋糕）。

4 在台視主持節目三十三年時，因資深績優獲頒獎座。

絞盡腦汁推陳出新

我先把節目內容按地域分菜系之不同，做有系統的示範，之後又按材料（主料）之不同每月更換，如此以材料做區分的節目，足足做了三年之久。

台視由黑白進化到彩色播出是一九六九年底的事，此後我的烹飪節目播出來的菜色，豔麗可愛引人食慾，更有吸引力。

主持烹飪節目這數十年裡，我先把節目內容按地域分菜系之不同，做有系統的示範，之後又按材料（主料）之不同每月更換，雖然一個月裡所用的都是「牛肉」，但依烹飪方式再做區分，一週是炒，下週是紅燒，再下來用牛絞肉蒸牛肉丸，也示範滷牛肉等許多不同料理手法。

魚的烹調也變化無窮，且不說種類繁多，光一種魚就可分為乾煎、油炸、紅

好萊塢影星洛麗泰揚為指導拍錄「中華美饌」專程前來台灣。

燒、清蒸、煙燻、紙包炸等多樣吃法。豬肉的吃法就更多了。如此以材料做區分的節目，足足做了三年之久。

在這期間逢年過節，我還穿插應景的食譜，從元宵搓湯圓、端午包粽子、中秋做月餅，春節前兩個月開始教做的年菜，更是重頭戲。小小的台灣聚集有中國各省籍的人，年菜可以分為本省、外省、南方、北方。年節後的節目中，我還得絞盡腦汁，告訴大家如何把剩餘年菜，改頭換面再利用。

為了幫助政府促銷台灣的農漁牧產品，我也常利用電視節目的影響力做推廣；記得有一年，因為鰻魚外銷發生問題，必須打開內銷市場，我一連做了三週鰻魚食譜。一九九七年南投縣梅子盛產，農會拜託我多做介紹，教人如何將梅子利用在菜餚內，於是我安排了台中某大飯店陳主廚到節目中，連著一個月使用各種梅子做菜點。

農委會曾為了推動冷凍蔬菜內銷，拜託我做專輯介紹如何使用物美價廉的冷凍蔬菜，以便在颱風季節紓解蔬菜短缺之困，像這些平日我較不常用的食材，製作前我一定先自行烹製、研究它的特點、好處，才能在節目中好好向觀眾推介。

特別值得一提的是，一九六六年天主教「光啟社」曾為美國東部電視網製做一套定名為「中華美饌」的節目，由我示範主講，艾頓太太旁白（原訂由吳炳鐘博士搭擋，旋後因故換人），這是台灣首部電視輸出節目，天主教會很慎重地從美國選派製作人Mrs.Roberts（我叫她羅婆婆）和技術指導著名女星洛麗泰楊，來台進行協助拍錄，為了要突顯中國味，擺飾、佈景、器皿等莫不用心挑選。

經由於這一套（十三集）「中華美饌」電視影集，我的名字才在美國響起。

台視由黑白進化到彩色播出是一九六九年底的事，
此後我的烹飪節目播出來的菜色，
豔麗可愛引人食慾，更有吸引力。

松鼠黃魚

這是上海「美味齋」餐館的名菜，因外形美觀、配色艷麗，口味酸甜醒胃，廣受中外食客喜愛，製作時又能展現刀工及盛盤時的立體美感，使傅培梅第一次上電視就相中它，往後為國宣傳、宣慰僑胞或外國媒體來訪，松鼠黃魚一直是熱門示範菜色。

材料

大黃魚（或草魚）（約1公斤）1條
香菇丁　2大匙
洋蔥丁、番茄丁　各1／2杯
青豆　2大匙

蛋麵糊

雞蛋　1個
麵粉　4大匙
太白粉　2大匙
冷水　4大匙

綜合調味料

酒　1大匙
糖、白醋、番茄醬　各4大匙
清水　6大匙
太白粉　1茶匙
鹽　1／3茶匙
麻油　1／2茶匙

做法

1　將魚頭切下，由嘴巴底剖成一大片後撒鹽少許留用。魚身部分剔除大骨取下兩面魚肉後，在魚肉上（內面）斜刀劃切刀紋，先直切三長刀，再橫面劃切（每隔半寸切一刀），注意不可切破魚皮，兩片魚肉均切妥後，撒下鹽半茶匙及酒一大匙醃十分鐘。

2　將蛋麵糊料及綜合調味料分別在兩只碗內調勻備用。

3　將炸油燒熱後，投下沾裹了麵糊料之魚頭和魚肉，用大火炸約兩分鐘後撈出。油燒熱，再以大火炸至十分酥脆，撈出排置大盤中。

4　在鍋內燒熱兩大匙油，先炒香洋蔥丁，再放進冬菇丁、番茄丁及青豆與綜合調味料，煮滾（用大火）後，淋下一大匙熱油，便可迅速澆到盤中之魚上即成。

大師的經驗

松鼠魚分為去骨與帶骨兩種，切花紋之方法及調味亦有許多種類，這裡介紹的做法較適合一般人口味。製做時的要領是，剔除骨刺要乾淨，保持魚身的完整；魚肉上劃花刀時之深度、寬度、厚薄都要平均；拖沾蛋汁和澱粉時要均勻，以免結塊。

大師經典食譜

蜆肉韭菜鬆

蜆肉韭菜鬆是傅培梅發明的創意菜，當年她看到女婿為了養肝喝蜆汁，蒸完的蜆肉只有丟棄一途，實在可惜。因此她把蝦鬆的做法用來做蜆肉，靈巧地把腐朽化為佳餚。

材料

蜆仔　300公克
香菇　4朵
絞肉　150公克
荸薺　8粒
韭菜花　200公克
油條　1支
西洋生菜　1顆

調味料

酒　1／2大匙
醬油　1大匙
鹽　1／4茶匙
糖　1／4茶匙
水　2–3大匙
胡椒粉　少許
太白粉水　少許

做法

1　蜆蒸熟、剝肉，略剁碎幾刀。
2　香菇泡軟，切碎。荸薺切碎。韭菜花切小粒。
3　油條切小片，放入烤箱中烤脆，放入盤中。
4　用兩大匙油先炒香絞肉和香菇，加入荸薺和蜆肉炒透，淋下酒等調味料，大火炒勻，淋下濕太白粉略勾芡。
5　加入韭菜丁拌合，關火裝盤，附剪成圓形的西生菜包食。

大師的經驗

這道菜是將蒸過蜆汁的蜆肉拿來再利用的一道菜，因此所用的食材有脆口的荸薺和韭菜花，再用爽口的生菜包著吃，非常好吃又經濟。

Chapter.09

「夫人的廚房」前進日本

一九七八年，傅培梅登上日本螢光幕，
她在「夫人的廚房」節目中教做中菜，
一教就是五年時間，成為日本電視界的創舉。

富士電視台「夫人的廚房」五年秀

自昭和五十三年（一九七八年）十月開始，
我在日本的螢光幕上亮相了。
這是日本電視界的創舉，
第一次請來外國人在電視上長期演出。

一九七七年台視十五週年台慶時，邀請了日本姊妹台富士電視公司社長前來參加慶典，他在參觀攝影棚時，遇到我正在錄影，陪同他們的闕副總經理告訴他我是大連人，會說流利的日語，由於這位淺野社長幼年時也在大連住過，我們聊得十分愉快，印證了所謂「人不親土親」。

他驚訝我怎麼會教中國人做中國菜，而且竟然在同一頻道上教了十五年，他想我必定有點真本事。半年後，富士電視台派來了編成部長奧田名利先生，與我簽下兩年的演出合約。於是自昭和五十三年（一九七八年）十月開始，我在日本的螢光幕上亮相了。這是日本電視界的創舉，第一次請來外國人在電視上長期演

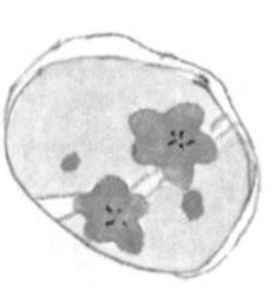

出。

這個節目被定名為「夫人的廚房」，採取帶狀型態播出，也就是除了我教中華料理之外，在同一時間的其他四天，分別有日本料理、西洋菜、家常菜、點心的教授，每天上午十點至十點半，我將中國菜按地域分成五大菜系，每三個月一個菜系，介紹十三種具代表性的佳餚。可以讓愛好中華料理的日本人，有系統欣賞中國菜，瞭解更多美味的中華美饌。

在日本電視台工作時，所受到的各種禮遇及尊重，使我畢生難忘，從編成局（節目企劃部門）到製作小組和工程班人員，上上下下每個人都認真、守時、合作無間，那種敬業、樂

在日本演出前與現場人員做好溝通。

業的態度，確實值得他國人來學習。公司任我挑選想住的五星級大飯店，到達時會讓轎車在機場迎接，去公司錄影的日子，車子更是早早就等在大門口了。每一季前往日本之前，我會先把用日文寫好的材料單，郵寄給企劃人員，所以我人一到達，他們早已準備妥當材料、用具等必需物品。

為了要先印出食譜，方便觀眾參照，頭兩天我得要做出一季十三道菜。在專屬攝影棚內，一道一道把菜做好拍照。休息一天，正式到公司攝影棚內拍錄節目。我的日本助理早就帶著她的助手，備齊了材料，開始做些初步的割切工作，我只管先坐下來向導播、工程人員講述一遍每道菜的大概過程，就由助導小姐陪著前去化妝室梳化。

日本化妝師的造型與台灣大不相同，她們為了讓我的妝，長時間保持不變，將粉底一層層塗得很厚，像刷出來的牆壁，又似戴上一個假面具，極不自然，在強烈的燈光下被照得緊綳乾涸，那梳出來的髮型，則是光光亮亮一毛不翹的和式包頭，與我的旗袍頗不搭調。我一向習慣將右額角的頭髮向前垂下一些，留個小瀏海，往往導播會找來美髮師替我修改，一定要額前清清爽爽。

當我換好衣服、圍裙，重又出現在攝影棚時，所有該在這一集中使用的材料、調味料，都整整齊齊在透明的器皿中放妥，該切的、要醃的，全已照我的原稿準

（上圖）一九八三年榮獲日本食生活文化財團頒發獎牌及獎狀，感謝我為食文化交流所做最高指導及貢獻。

（下圖）擔任日本電視「夫人廚房」之中華料理示範共五年，演出250次。

備妥當，一點都用不著我費心。拍一集一個菜，通常要買上五或六份相同材料，除了第一次是假動作，從頭到尾由我口述，但需有移位動作照正常示範一下手勢過程，而第二次我得用實料實際做了，但機器並未開啟，只是跟著我，以動作抓好鏡頭，訂出角度，而我做好的菜，大家不能動，因為下面要正式開錄，需要那一盤做好的菜當片頭用。

收視的觀眾，在畫面上看到的，都是正在使用著的東西，用過的器皿、碗碟會破壞畫面，不好看，所以有專人跪在檯下，伸手去偷著撤下來，她非常辛苦，真是個無名英雄呢。正式錄影時大門緊鎖，除了主角講話之外，大家幾乎都壓低呼吸，千萬不能有任何差錯，以免成為害群之馬。連著四天的錄影全部完畢那晚，照例全體工作人員，會去一家餐廳吃喝一頓，來慶祝大功告成。

在日本電視台工作時，所受到的各種禮遇及尊重，使我畢生難忘，
從編成局（節目企劃部門）到製作小組和工程班人員，
上上下下每個人都認真、守時、合作無間，那種敬業、樂業的態度，
確實值得他國人來學習。

做好菜，不讓他人「掛迷惑」

碟子上的雞，無端端的掉入滾燙的油中，熱油大量爆起噴向我的左手臂及腕部，燙得灼燒而刺痛……

在富士電視長達五年的演出中，甘多於苦。富士公司各部門的人員，無論認不認識都以「先生」（老師）稱呼我，有人怕我腳痠，搬來軟墊給擱腳，還有會按摩的人來幫我捏肩膀，體貼萬分。公司除了給我機票、住宿費用之外，所支付的演出報酬，也都是破天荒的高價，每期由我撰寫的日文食譜和拍照的版權費，富士公司也都分給了我，這些都是在台灣電視公司從未分享過的一份尊重。

在日本錄影過程中，也曾有過一次切身的痛楚，至今印象深刻。

那是在一九八〇年九月份錄影的最後一天（每次在四天內錄了十三集），最

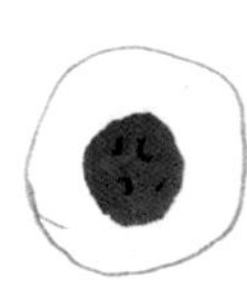

後一集做香酥雞，因是「本番」（正式錄影），大家都認真的全神貫注。我手上端著碟子，碟子上盛著蒸得很爛又拍上麵粉的雞，站在油鍋前，等著油燒熱來炸雞。

當時我對著鏡頭說：「油溫要攝氏一八〇度以上才可放下炸⋯⋯」話未說完，那碟子上的雞，卻無端端的掉入滾燙的油中（可能碟子傾斜的緣故），熱油大量爆起噴向我的左手臂及腕部，燙得灼燒而刺痛，我不動聲色的用右手拿鏟子翻動，澆油到雞背上，至炸成金黃酥脆，才撈起裝盤。

行禮如儀結束了錄影的工作，當時現場及主控室的工作人員，看到了濺油的情形全嚇呆了，待我一做完整道菜下節目時，大家都飛奔而來，圍著我慰問。有的取來消炎藥，有人拿來了冰袋，還有人主張快送醫院。每人都敬佩我的鎮靜，內心更感激我當時未因受傷而叫停，中止錄影的動作，因為如果當時停下，不但公司會受損失（重新排棚，組工作團隊），更會擾亂所有參與人員其他已預定的工作日程。

我深知日本人最忌因個人（私人）的事故，給他人添麻煩（日語叫「迷惑」），因為從小我學到的教條中就有不給他人「掛迷惑」（添麻煩）的觀念。時時刻刻想著求助於人的後果，影響會是怎樣？所謂人情債難償，靠人情，講面子來做事是不名譽的事。父親曾說過有多大的能耐（本事），就做多大的事，別老想要別人來幫你，所以我當時就強忍著疼，只一心想把節目完成，並且不能耽誤到大家的工作。

這一夜的皮肉痛苦終生難忘，但內心卻輕鬆無比。

由於節目反應不錯，第三年又續一次合約，共計演出了二百五十次（近五年的時間）。獲悉在日本電視史上，從未有過由國外招請而來，連續做了五年演出的人。影響所及，在一九八三年三月，我獲頒了「食生活文化賞」，和法務省秦野大臣特許的「名譽永住權」。

日本富士電視邊城局局長（中立者）來台視與我續約三年（右一、二為台視關副總、劉總經理，左一為舒秘書）。

創紀錄的電視人生

同一個電視頻道上，持續由相同一個人，做了四十一年的烹飪演出，傅培梅是世界紀錄保持人，她被戲稱是半世紀中電視「曝光率」最高的人，用美食溫暖了每個台灣人的胃。

Chapter.10

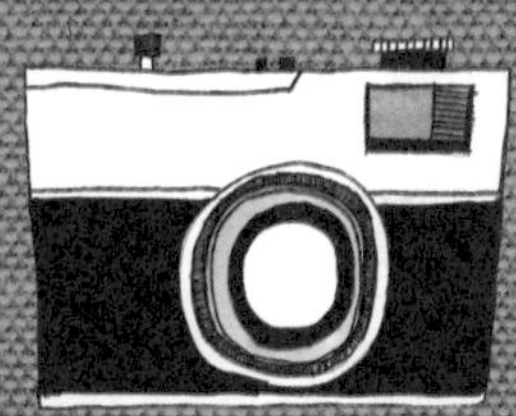

創世界紀錄的電視教學

節目一路下來前後介紹的菜點、佳餚超出四千多種。有人曾戲稱，我是半世紀中電視「曝光率」最高的人，也是烹飪教育界的長青樹。

「不管是常看電視或不常看電視，在台灣沒見過這位人物的一定不多，她老是在螢光幕中忙東忙西，一會兒剁肉，一會兒切菜⋯⋯，不但手上忙個不停，嘴上也不斷地絮絮而談，這些過程進行得飛快卻又有條不亂。最驚人的還是五分鐘後，她便展現出一道佳餚。不用說她就是傅培梅了⋯⋯」

以上這一段是聯合報記者韓尚平早年寫的關於我的「人物」報導。

沒錯，「在電視上手忙語多教做菜的」就是我，節目一路下來前後介紹的菜點、佳餚超出四千多種。自一九六二年台灣電視開播我便應邀去示範，有人曾戲稱，我是半世紀中電視「曝光率」最高的人，也是烹飪教育界的長青樹。環視世

一集五分鐘的「傅培梅時間」每天都播出，其實很耗心力。

界先進國家，有著各種教料理的節目，卻從未見在同一頻道上，持續由相同的一個人做了四十一年的演出，我該是世界紀錄的擁有者無疑。

一九八六年台視總經理石永貴先生建議，將我每週一次二十五分鐘的塊狀節目改變為帶狀節目，每週五天，每天同一時間教一道菜，並將名稱改為「傅培梅時間」，節目時間只有五分鐘。我欣然接受了，這是總經理看得起我，也是二十多年的努力獲得了肯定的結果。

這樣的節目設計，觀眾有福了，每天坐在家裡，免費可學到一道好菜，但我可受罪了。我為了想讓觀眾預先獲知我哪一天教什麼，過程又是如何，比照日本電視教學那樣，先印出一本書來，使觀眾可照著當參考用，因此埋頭苦想，預先編排並撰寫出一百道菜。

菜單必須趕在節目播出前先擬出來、拍照，印成食譜，這就是連續幾年印出多冊的「傅培梅時間」食譜。

電視上一道菜只有五分鐘，示範時間實在太短，很多工作都必須事先準備妥當：有些材料先切好大部分，有的則做成半成品，烹煮時間較久的還得燒好一份完成品，以便採用「掉包」方式呈現解說。時間雖然短，負擔反而加重，且更加勞累。最不合理的事是，電視公司將我原來每週一次的製作費一萬多元，分成五份，每天的製作費（一切開銷在內）只有新台幣四千元不到，個性好強又有責任感的我，既然做了，就繼續照理想去完成吧（我那時的理想，是把中國菜的烹飪法，一般可以使用的十四種，分別設計出數道食譜來做示範）。

「傅培梅時間」是台灣電視教學有史以來首次以個人姓名為號名，當作節目名稱的，就像美國強尼卡森、歐普拉以及瓊芳登的個人Show那樣，是我在烹飪教學上的權威標誌，非常榮譽的事。

解饞也解愁

傅培梅——一九三一年生 第一個電視烹飪節目主持人

那是一個肚子很容易餓的年代。

一道熱呼呼的砂鍋魚頭、一盤油滋滋的辣子雞丁、一碟香噴噴的麻婆豆腐……，黑白電視螢幕上，她總是乾乾淨淨、清清爽爽。一雙白淨俐落的手，一邊切煮炒炸，一邊簡潔述說：「這道菜，很開胃，也很容易做。可以隨個人的口味，加少許鹽、少許糖，吃的時候，淋上少許麻油……。」

電視機前，我們看著她，穩穩地站在切菜板、油鍋與攝影機前，霎那間，忽然覺得賺錢養家、燒菜煮飯，都不再只是一件柴米油鹽醬醋茶的辛苦事。她像每個人心目中甜蜜家庭裡的理想主婦，也像所有人的烹飪老師，大家都想和她一樣，不論大環境風雨飄搖，親手調製一道色香味、端出一盤垂涎三尺，在那個艱苦打拚的歲月，「傅培梅」三個字，讓人解饞、解愁，也讓大家開始懂得注重美食，享受生活。

傅培梅時間，從民國五十一年起，一個禮拜播出一次，整整播出了五百三十多次。傅培梅食譜，分上下兩冊，總計發行量超過五十萬，數不清的新娘子、無數的留學生，都曾經在大同電鍋旁邊，擺上一本。在那個粗茶淡飯的年代，傅培梅，溫暖了每個台灣人的胃。

（蕭葉）

環視世界先進國家，有著各種教料理的節目，
卻從未見在同一頻道上，持續由相同的一個人做了四十一年的演出，
我該是世界紀錄的擁有者無疑。

五分鐘的烹飪挑戰

五分鐘教做一道菜的「傅培梅時間」，
經常讓我忙到上氣不接下氣，常有來不及或漏講的情形，
也有攝影師因為我的移動和手部動作太快，鏡頭跟不上來⋯

五分鐘一道菜。不但表演的我壓力大，心情緊張，也有許多觀眾來信說：到了早上就守在電視機前，怕漏掉看，時間短，連電話鈴、門鈴也不去回應，豎起耳朵，睜大眼睛，全神貫注著。

我在原本的節目時間（二十五分鐘）中還經常有不夠用的時候，改為五分鐘後，更是忙到上氣不接下氣，常有來不及或漏講的情形，也有攝影師因為我的移動和手部動作太快，鏡頭跟不上來，照到不該照的地方，我這節目的導播不知何故常常調換，新來的就不知上一次是如何錄的，連開場和結尾取什麼鏡頭，還得

由我說明。

我每去錄影一次，可以錄兩星期十道菜，材料、成品、用具都要樣樣備齊，搬去一大堆，頭腦如果不清楚還真會搞亂，什麼材料是第幾集？哪一天該播的？都得清清楚楚記住，不能出錯。還好那時候媳婦與大女兒安琪帶著傭人都來幫忙，沒有她們的協助，這個五分鐘的「傅培梅時間」不可能做了六年之久。

一千兩百多道菜，全是用創新食譜教授，回想那些年的辛苦，實非筆墨能形容。我這教做菜的節目，不但國內收視率好，也被台視很早就外銷到海外華僑地區，我雖未曾調查過，也未向公司詢問過，但美國各大城市只

台視公司二十週年慶，許金德董事長贈獎牌給我。

台視公司三十週年慶祝會上熱鬧非凡。

要有華語頻道，幾乎都可收看得到，連菲律賓也時常播出我的節目，可算是小兵立大功，雖未被台視重視，卻為他們爭了不少收入和光彩（可惜我這個製作人從來未分到外埠一毛錢的權利金呢）。

我的節目之所以能保持長久不衰的好評，一方面是內容變化多，可看性高，另一原因大概是我這種知無不言，言無不盡的解說，手上動作快捷，刀工、火工技術純熟的表演，吸引得住觀眾吧？我的努力、認真、直爽的誠意，相信經過這麼多年，觀眾都已感受得到的。

一千兩百多道菜，全是用創新食譜教授，
回想那些年的辛苦，實非筆墨能形容。

領域的工作，但對台灣社會的豐富性均有著貢獻，也是宣揚和保存社會中不同價值觀的功勞者。

那篇頭的引言中對我的介紹寫到：

「…『傅培梅』三個字，在那艱苦打拚的歲月，讓人解饞解愁，也讓大家開始懂得注重美食，享受生活…。在那個粗茶淡飯的年代，傅培梅溫暖了每個台灣人的胃。」

由此可見我的電視烹飪教學對台灣民主的影響力確實是深遠而宏大無比。在那個年代（民國五十年代）大家的生活單調，總期盼著一點紓解和一些想望，美食顯然就是最好安慰劑。

醬爆青蟹

中國人吃蟹最早的記載見於西元前八百到九百年間的西周，數千年來，文人食客對它的喜愛歷久不衰。每年入秋之後，傅培梅的電視烹飪節目上，蟹料理也絕對不會缺席，江浙名菜「醬爆青蟹」就是其中一道叫好又叫座的螃蟹佳餚。

材料

青蟹　2隻（約800公克）
麵粉　3大匙
蔥屑　2大匙
薑屑　2大匙
毛豆　2大匙

綜合調味料

番茄醬　1大匙
甜麵醬　1大匙
醬油　1大匙
水　6大匙
糖　1大匙
太白粉　1茶匙

做法

1　將青蟹洗刷乾淨後揭開斗蓋，再將內部肺葉剝除，將污砂洗清，然後將兩支蟹鉗切下（蟹鉗用刀拍碎，分成兩段），另將蟹足之上尖腳部分斬去一點，蟹身先對切成兩塊，然後直著分切成數小塊。

2　全部蟹塊用麵粉裹滿，投入熱油中炸熟（約一分鐘）。

3　鍋中燒熱三大匙油，爆炒蔥薑屑及番茄醬，同時倒下綜合調味料，炒煮一滾，加入已煮過之毛豆及炸熟之蟹塊，速加拌勻，最後淋下一大匙熱油便可。

螃蟹大致分海蟹與淡水蟹，淡水蟹以陽澄湖之大閘蟹最為有名，青蟹產在淡水與海水交匯處，蟹肉特別細嫩、香甜。江南人愛吃蟹，吃法以清蒸、醬爆、麵拖、溜黃和生吃的「熗蟹」最為有名。

蝦子烏參

民國二〇年代，上海德興館創出這道名菜，用乾蝦子去提烏參的味兒，吃的是烏參軟糯酥爛的口感和厚味濃腴的醬汁。
傅培梅個人偏好刺參Q彈的口感，因此常用刺參來做這道老菜。

材料

水發刺參（或烏參） 900公克
蝦子 1大匙
蔥（4寸長） 10支
薑 5片

煮海參料

蔥 1支
薑 2片
酒 1大匙

調味料

酒 2大匙
醬油 3大匙
清湯 1／2杯
鹽、糖、胡椒粉 各1／3茶匙
太白粉水 1大匙

做法

1 將海參腹內處理乾淨後，加水用小火煮十五分鐘（放蔥、薑、酒少許同煮，去腥味），至海參夠軟為止。

2 蝦子在鍋中乾炒至有香味，備用。

3 薑五片切碎、泡水兩大匙，約十分鐘後壓擠泌出薑水備用。

4 起油鍋（四大匙油）煎香蔥支（切成四寸），再將海參放在上面，淋下酒及薑水，放醬油、清湯、鹽、糖及胡椒粉並撒下炒香的蝦子，以大火燒三分鐘左右。

5 淋下調水的太白粉勾芡，再澆上一大匙熱油即可裝盤（將蔥撿棄不用）。

大師的經驗

蝦子是指曬乾的母河蝦卵，可以在大型南北雜貨店買到。
乾刺參以每斤40-50支，較大的為上品。海參的發泡是門學問，全程都不能碰到油。買回家的海參可以泡在水中半天，刷洗乾淨，換清水煮滾，改小火煮10分鐘，關火燜至水冷。
隔天換水再煮一次，待水冷後，剪開腹腔，抽出腸砂，再換水煮一次，燜至水冷，此時海參已漲大許多，待海參已夠軟，可換水將海參泡在鍋中，放入冰箱再放1-2天，會發漲得更大。

酢
辣油

Chapter.11

篳路藍縷食譜路

民國五十四年第一本彩色食譜「培梅食譜第一冊」誕生、開啟了傅培梅的食譜出書之路，多年來她堅持一定要自己做得出來的菜餚，才將之收錄於食譜中，以求對讀者負責。

食譜難為

第二天，攝影師來電告知全都拍失敗了，
我當時聽了如晴天霹靂，好半天不知所措，
只好自認倒楣再拍一次，翌日再去採買了一趟。

聯合報一九七一年八月九日的新聞中曾報導：「『培梅食譜』是第一本在中華民國出版的正統中英對照的食譜。」因此有一年，政府為了加深美國對我國精奧文化的了解，特別送出珍貴的古籍文物，赴美國做全美巡迴展覽，其中吃的藝術，特別選上了「培梅食譜」，讓外國人真正領略中國烹飪的精華。

當年我打算出版食譜，主要是為了方便當時上烹飪課的學員，才決定將上課用的講義整理出版成書。

中華民國第一本彩色食譜「培梅食譜第一冊」在民國五十四年出版。封面情商

台視美工組組長龍思良先生，做封面設計兼拍攝工作。記得他來到我家客廳瀏覽，尋找富有中國味道可以做為背景的東西，忽然看見沙發椅墊，大紅布上有五福圖案，順手就用上了。

那個時代彩色攝影才剛起步，只有武昌街前的尹士曼彩色攝影，由於索價太高，我只能挑選八道菜來拍攝，這些菜都是特別挑選出來的，採用比較名貴的材料製作，很有價值感。拍照當日買來海參、魚翅、鮑魚、雞鴨等高價材料，準備工作一切就緒，再一道道製作，拍到傍晚才完工，已經累得直不起腰來。拍完的菜餚，則帶回家當晚餐，為家人加菜大快朵頤。

未料第二天，攝影師來電告知全都

PEI MEI'S Chinese Cook Book
培梅食譜
Pei Mei's
培梅
永遠的烹飪大師
傅培梅
名菜精選
臺閩京菜專輯
名菜精選

拍失敗了，也不知是因為沒開鏡頭，還是按錯按鈕？我當時聽了如晴天霹靂，好半天不知所措，因為事先沒訂合約，也不能要求賠償，只好自認倒楣再拍一次。翌日再去採買了一趟，花錢事小，至於我的體力、精神和壓力的損失，不知該如何計算，那天幾乎當場就病倒了。

食譜的英文部分也花費了我許多心思。我的英語唸得不多，但即使外文系的大學生，恐怕也翻譯不出那些動作和專有名詞，因為英文中根本沒有川、烹、爆、溜、燜等的詞句。為此我翻遍參考書及字典，絞盡腦汁利用組合的方式，將做法形容出來，比如「爆」是屬於「快」速的「炒」，所以翻成Quick Stir-fry。川、燙則是在滾水中，所以叫Boil in water。

那時期正好我在聯勤外事處招待所，教一些美軍駐台的官太太們，所以每回將稿子自譯十數張以後，就跑去天母一位空軍太太Mrs. Zeck家請其過目修改。遇到形容不清楚時（比如包餃子打摺、雙脆的交叉切花、擠丸子的手法等），還需要帶材料當場去做給她看，讓她了解到底是怎麼樣的動作，以便翻譯出來。所以初期撰寫英文食譜真是辛苦萬分，但是對於以後學烹飪的學生，卻因為留下正確記錄十分方便，最終覺得一切辛苦都是值得的。

當年我打算出版食譜，
主要是為了方便當時上烹飪課的學員，
才決定將上課用的講義整理出版成書。

由滯銷到大暢銷，人手一本「培梅食譜」

我是一個沒啥生意頭腦的人，出食譜的目的單純只為了方便學員，第一本食譜出版時，三千本印下來，每本成本高達七十五元，我賣給學生只拿八十元。

食譜製作之辛苦，比起烹飪有過之而無不及，當第一批食譜裝訂好送到我手上的時候，我拿著它愛不釋手，新書的撲鼻紙香、排列有序的文字，內心的欣喜和激動無法形容。

仔細地端詳封面、照片，這本經過千辛萬苦、嘔心瀝血，一句一字再三修改出來的食譜，其中的材料及調味料分量，烹調時間與火候，全是一一實地操作出來的成果，許多不常烹煮的菜色，還一再試做，才得以正確地將湯水幾杯、糖、酒、醬油等用量多寡正確標示出來，要真正達到色香味的標準，這些我都務求對讀者負責，一定自己做得出來，才將之收錄入食譜中。不像有些烹飪老師，是去買來或到餐廳點菜來拍的。

我是一個沒啥生意頭腦的人，或許自小生活環境優渥，沒在金錢上吃過苦頭，出食譜的目的單純只為了方便學員，免得他們總是掉了或弄髒了講義。第一本食譜出版時，由於彩色部分的拍攝、製版、印刷都很貴，而且我又堅持用自己喜歡的二十開方正尺寸的版本，殊不知這種大小的開本最浪費紙張，（當時二十開的開本十分罕見，後來許多食譜爭相模仿這種開本），因此三千本印下來，每本成本高達新台幣七十五元，我賣給學生只拿八十元。

我的食譜出版後，除在烹飪班由學員購買作為上課之教材外，並沒有委託任何書店作發行和總經銷，只等著書店來電話叫書，無論多少本都由小女兒美琪駕小胖——一輛中古的白色寬邊Audi小轎車，安琪協助搬書送到店家去。美琪在早一年暑假夏令營時學會並拿到駕照，但她的娃娃臉看上去只有十五、六歲，常被交通警察攔下詢問查照。安琪力氣很大，一包五本五公斤重的書，她一次竟抱上五大包奔入書店後台繳貨，日後安琪抱怨她的雙臂特別粗壯像男孩，可能就是這幾年幫忙送書的後遺症。

後來為了想快點銷完，我以成本價要求重慶南路一帶大書局代售，但沒有哪一家願意賣。我是個對數字毫無概念的人，這一點完全表現在培梅食譜的出版行銷上。一般我們是以七折價批發給中盤商，當時重慶南路的文化圖書公司，因為銷出的數量較大，於是要求六五折的批價，我的書是坊間唯一的彩色中英對照圖文並茂的食譜，我心裡不大樂意，但又不想放棄這一家大店，便隨口開價：「那我給你七折，再打個九折好了。」於是這筆生意在對方滿意下成交了。

回家後在晚餐桌上，我得意的說起談成生意的經過：「他們非要六五折，我就是不肯，經不住他們窮磨菇，乾脆給他們七折後，再打個九折算了，意思意思」。

外子紹慶馬上接口：「七折再九扣，那不就是六三折了嗎？」

我還理直氣壯的辯白：「六三折不是比六五折打得少，多賺嗎？」

結果換來一句他常說的：「妳啊！真是天下第一笨！」

後來去書店找中英對照食譜的人愈來愈多。有些書店才自動找上門來。書商建議我應訂價新台幣一百二十元，六折批給書店，但我顧及一般婦女薪水不過二千元，一本食譜就花掉一百二十元，似嫌負擔太大？親友都笑我在做慈善事業。「培梅食譜」由滯銷到大大暢銷，影響所及連後來的新嫁娘或留學生的行囊中，幾乎人手一本「培梅食譜」。

迎接日文食譜新挑戰

我們每日早上八點出發，換兩次地鐵，再步行去買齊材料，在中午前趕到廚房，開始切配烹煮，一道菜一道菜地供拍照用……

早年為富士電視演出的烹飪節目，前後五年，由主婦之友發行的「夫人廚房」的季刊食譜（為配合節目而刊出每日的菜），其中中國菜部分是由我所示範的菜餚，內文也是我親自撰寫的。

我另有一本日文的食譜，是由日本著名的柴田書店所出版的。經過友人介紹，我將培梅食譜第三冊交給日本柴田書店（日本最大飲食書籍出版商之一）出版。柴田看過後十分滿意，那書中全是各省宴席菜，因為當時日本還沒有如此完整詳細夠水準的酒席菜大全，他們同意出版日文版，卻要求由他們派攝影專家來重新

拍攝全部的照片，一共有一百一十八道菜。

我的個性好強又富榮譽感，當時就以一股迎接挑戰的勇氣，滿口答應下來，預定以每天二十道菜的速度，借用東京大飯店廚房展開工作。我找了烹飪班的助手張淑雲來幫忙打雜，她的體力好，配合度又高。我們每日早上八點出發，換兩次地鐵，再步行去買齊材料，約在中午前趕到廚房，然後開始切配烹煮，一道菜一道菜地供拍照用。事後還要打掃收拾，回家的時間每每都已是夜裡八、九點鐘。

如此緊湊的工作持續了六天，腰痠背疼，雙腕無力，腳也站腫了，幾次想中止不做了，最後還是憑著毅力，完成拍攝工作。大功告成之後，又得開始辛苦撰寫文字部分工作。

昭和五六到五八（一九八一～一九八三）年間，我與外子在中目黑租了一間公寓房Lion's mansion，大約十六個榻榻米大，小小的廚房、浴室、飯廳，再加上一臥室、一客房，活動空間很有限，一切伸手可得，體力消耗不大。就在客房的榻榻米上放個矮方桌「可它次」，我就在這「可它次」上，進行日文食譜的撰寫工作，累了就向後倒假寐片刻，就這樣奮鬥了兩個月，出版了柴田書店那一本精裝的專業工具書「宴席食譜」，這是首部外國作者以日文親自撰寫，配合實際操作而製作的精美彩照食譜。

食譜辛苦誰人知

無論簡單或困難的大宴小酌，
每一道菜餚食譜，我事必躬親，一律親自來做，
如此便於在食譜校正時修正分量，以求對讀者負責。

隨著時代進步，飲食習慣及材料的改變，我所出版的食譜形式也開始多變起來，五十年代主要以省分區分，地方名菜是食譜主題。六十年代後期，食譜的分類方式已然不同，例如以魚、海鮮、牛、豬、羊等食材做區分，也有依做法來分類（像爆、炸、炒、蒸、煎、溜…等），更有介紹世界各國風味簡餐的食譜書，或出版小張的菜卡，林林總總共有四、五十種之多。

由於後來媳婦、女兒及烹飪班的助手們，都加入烹調助理行列，出食譜對我來說，已不像早年那麼辛苦。從前無論簡單或困難的大宴小酌，每一道菜餚食譜，我

事必躬親，一律親自來做，如此便於在食譜校正時修正分量，以求對讀者負責。

近年來坊間各種食譜繁多，讀者們經比較後，都一致認為我的食譜分量最準確，參照著做一定做得出好口味，多年來讀者們的誇讚、滿意，就是我最大的安慰。

其實食譜的攝影也很重要，因為攝影師的燈光、焦距誤差，都會影響菜餚的成色，有時動作不夠快，還會變色、油漬結塊，讓菜餚失去鮮嫩生動的感覺，每一個小細節都要小心。出一本一百道的食譜書要花費好幾個工作天，先配好菜料，再調度搭配，頭腦必須很清楚，先作出進度表，再按照順序做，不能出任何差錯。有時候遇到炎熱天氣，再加上廚房裡熱氣逼人，嗆得頭昏喉疼，碰上拍攝欠佳的照片，為求畫面完美，只得重做重拍，內心又氣又無奈，真叫人欲哭無淚。

另外在一九九二年冒著被盜錄滯銷的風險，小兒投資請我拍錄製作一部九捲的「烹飪入門」教學錄影帶，從各項基礎到火候、刀工、乾料處理、大宴小吃包羅萬象，三個工作天拍得十分辛苦，效果比預期的美好，但由於無力（資金）宣傳而鮮有人知，十分可惜，但也算是為自己留下了有聲的經典作品。

有時候回想這些年來走過的超級勞累辛苦的日子，常不禁懷疑自己為何選了「烹飪教育家」這個工作?!

一九七八年十月台北市長李登輝前來巡視職訓局檢定考試試場時，與擔任裁判長的我寒暄。

其實食譜的攝影也很重要，因為攝影師的燈光、焦距誤差，
都會影響菜餚的成色，有時動作不夠快，還會變色、油漬結塊，
讓菜餚失去鮮嫩生動的感覺，每一個小細節都要小心。

大師經典食譜

扣三絲

扣三絲是一道重刀工的菜色，味道非常清爽，配色又美觀，曾經出現在「培梅食譜第一冊」裡，稱得上是經典菜餚。所用的三種絲料，取其顏色鮮明，味道又鮮美，雞肉、火腿和蛋皮絲再加上鮮甜的綠竹筍絲，真是最好的搭配。

材料

雞胸 1個（約250公克）
熟火腿 120公克
蛋黃 2個
蛋白 1個
筍 2支
冬菇 1朵
蔥 2支
薑 3片

調味料

鹽 1茶匙
清湯 6杯（即煮雞之湯）
雞油 1／2湯匙

做法

1 在鍋內燒滾八杯清水後，放下洗淨之雞胸，並加進蔥薑，先用大火煮滾後，改以小火煮約二十分鐘，取出雞肉原湯（約六杯）留用（揀出蔥薑不要）。

2 將雞肉用手撕成細絲（或切成絲）；火腿亦切成細絲。

3 筍去殼、煮熟後切細絲；冬菇泡軟去蒂，整朵留用。

4 蛋黃及蛋白一起打散，在鍋中煎成薄蛋皮（可分煎成兩張），然後切成細絲留用。

5 在一只中型碗，先放下冬菇在中央（正面向下平放），再將雞絲、火腿絲及蛋皮絲分三方面整齊而直絲排列在碗底，最後空隙處填裝筍絲，並撒上鹽1／3茶匙，再注入1／2杯清湯，置蒸鍋內大火蒸約二十分鐘。

6 上桌時將蒸好之材料扣在大湯碗內，注入沸滾之雞湯（須加鹽調味），揭開蒸碗，淋下雞油便可送席。

大師的經驗

這是一道清爽的湯餚，為了保持湯色清美，要注意所用的高湯一定要用小火熬煮，保持清澈，不可混濁。

扣三絲也可以減少湯的分量，做成一道燴菜，或者先蒸好，待稍放涼後，調配一小碗料汁，淋澆上去，做成涼拌菜。

再結來生緣

一九九七年十月，一個風和日麗的秋天，與傅培梅結縭四十五年的先生告別人世，留給她許多懷念。

Chapter.12

外子的病因

外子的病情，根據以往的病例，
一般病人只能再有五年不到的壽命，
而外子在我們全家悉心的照料下，
安然地度過了十五年的時光。

一九八二年十月的第三個星期天，外子紹慶照例與小兒顥灝去聯合羽球場打羽毛球，我則趁著好天氣，獨自帶了紙箔、香燭、鮮花、掃把到六張犁為我娘家的父母掃墓。接近中午時分，我如約到了永康街的辦公室，準備與他們父子碰頭一起去午餐。

但是過了十二點半也沒有他們的蹤影，心中忐忑不知發生了啥事，有點焦急，於是打了通電話到女兒家，她的婆婆在話筒中，氣極敗壞地反問我：「妳人在哪裡啊？親家公得了心臟病，已經送宏恩醫院急救了呢！」我一時間不能置信，一向健康的他，從未有過任何病痛紀錄啊！

後來由小兒顯灝口中得知，是球打到一半忽感心絞痛，就坐下來休息，沒想到呼吸愈來愈困難，臉色發白，而且心疼得愈來愈厲害。正逢週日，宏恩找不到專科醫師，只是打上點滴觀察，到了傍晚，兒子眼看不行，找了媳婦的長兄少琳前來探視，他一看，說是心肌梗塞，須立即急救，於是馬上轉到榮民總醫院。

醫師判斷是心肌梗塞，這是糖尿病引起的血管硬化而發的，而此次的心肌梗塞由於急救太慢，心肌已壞死四分之一，像這種病情，根據以往的病例，一般病人只能再有五年不到的壽命，而外子在我們全家悉心的照料下，安然地度過了十五年的時光。

與外子結縭四十八年，他的離去留給我許多懷念。

自從那次發病以來，紹慶一直維持著十分平靜的養病生活，按時服藥，充分休息，少吃多餐，加強膳食的營養，定時赴醫院診察。在家經常量血壓血糖，不敢提議外出活動。但由於台北每到冬季多雨潮濕，讓他呼吸不順，又會肺部積水，很不舒服，於是決定了秋末，起身去氣候好的佛州小女兒那邊養病。

住過半年之後，我必須先返台錄製節目，同時還得去日本做顧問工作，於是叫大女兒及媳婦來美陪伴、照顧他。巧的是我離開不久，他就發生輕微中風，住進醫院，幸好安琪、美琪、慧懿三人協力照顧度過難關。他們除料理他每天六頓餐點之外，見他有精神時，陪他摸上幾圈麻將逗他開心。不久他就鬧著想「家」，一定要返回台灣。他所指的「家」，其實就是「老婆」，只不過，他不好意思向孩子們說罷了。他一向是這樣愛「黏」我的。

居家的他，醒著時，多半在看電視，上午看股票行情，下午則是外國影片、體育轉播等，見我返家，他一定叫我坐到長沙發之一邊，自己便將頭部枕到我的大腿上，他會滿意的說「真舒服、又軟又香」，這景象就如同日本電視劇中常出現的，女人跪在榻榻米上讓男人躺下來枕其大腿調情，這叫著「膝枕」，紹慶也喜歡如此，視為最大的享受。因枕的時間太久，被他的頭壓得我雙腿發酸發麻，但我總是忍耐著不動、讓他多躺一會兒，有時見他睡著了，我更是不忍推開他，站起來。

有時候，正好碰到孫子孫女從學校回來，在樓下就一面喊著「我回來啦！」直往樓上衝，他會睜開眼笑笑說：「快來給爺爺親親！」這是他最高興的時刻，早上飛出去的小鳥又回巢了，我則緊張得想要起身，推他坐好，他卻說「看到有什麼關係，爺爺奶奶恩愛啊！」他就是賴著不起來，我也只好無可奈何地由著他了。

（上圖）公婆來到台灣，一九六八年元旦一家三代同堂合照。
（下圖）背著孫子陪外子、媳婦去公園散步，人生一樂也。

他所指的「家」，其實就是「老婆」，
只不過，他不好意思向孩子們說罷了。
他一向是這樣愛「黏」我的。

一同落難的日子——舊金山大地震

這一夜，兩人真正體會到了相依為命的滋味，
四周一片漆黑，兩人啃著充飢的燒鴨，
並往嘴中塞著我捏成小團的白飯，
度過恐怖（怕再震）又漫長的一夜。

一九八九年十月，我陪同紹慶又去了一次美國。這次是取道舊金山，再轉機到佛州，去美琪新買的湖邊有汽艇的家住住。我們於下午兩點多抵達，日本好友米濱會長來接機，並馳車去遊覽了一下金山大橋後，送達靠近唐人街有二十五層高的Holiday Inn旅館。

當我們進入五樓房間放下行李，正想打電話給佛州女兒時（四點〇七分），突然樓房左右搖擺，像要斷裂似的，我感覺發生地震了，一面大聲叫老公快出來（在洗手間），一面往茶几下爬，他見我半個屁股露在外頭，就笑說：「光保護

頭，屁股不管嗎？」

搖震時間很長，彷彿馬上要天崩地裂，實在恐懼，最後只好帶著皮包，拉著他的手往門外跑，每一間房間的客人也都往樓梯奔去。出了大門，我倆往對面的公園走去，並坐到長凳上，許多人站在各自的大門口張望，右手街口的那一家中國餐館，就是以魚翅聞名的那間，原本想在當天晚餐時，與老公去大快朵頤的，如今大廚師們都站在門口了，晚市一定不做了。

在旅館大廳有飯店臨時發放的麵包可吃，但老公不要，就只好去就近的唐人街，排隊買了一盒燒鴨和白飯回來，幸好住的是五樓房間，我們慢慢的總算爬了回去。當初我還生氣，以為是種族歧視，不給我們較高層更好的房間，後來還真為此事慶幸呢，否則太高摸黑爬回去一定不可能，只得睡大廳地上了。

這一夜，兩人真正體會到了相依為命的滋味，四周一片漆黑，兩人啃著充飢的燒鴨，並往嘴中塞著我捏成小團的白飯，度過恐怖（怕再震）又漫長的一夜。

第二天一早，好心的日本友人來尋找我們，並設法讓我們提早搭上飛機趕去佛州。小女兒一見到我們，就放聲大哭，由於電訊斷絕，加上從電視上看到嚴重的災情與報導，焦慮的她度過絞心的一夜。

晴天霹靂，外子住進加護病房

我面無表情，懷著忐忑不安的心飛返台灣，
這一路十三個鐘頭的時間真是漫長，
輾轉反覆無論如何也不能成眠。

一九九七年九月，小兒的出版社參加洛杉磯世界日報舉辦的華文書籍食譜展，為了加強號召，主辦單位希望我去做兩場名菜示範表演，我因為去洛杉磯可見到想念已久的孫子孫女，同時這也是幫兒子的出版社推廣和促銷，實為一舉兩得，於是欣然前往。

第一場的示範是在「西來大學」的活動中心舉辦，來參加的人潮擠得水泄不通，大家紛紛搶佔座位，也有很多是我多年未見到的朋友、學生或觀眾。在兒子與媳婦大力協助下表演了四道名菜，接下來又為食譜簽名，待一切活動完畢時，我已累得站不起來了。

返家倒頭大睡，一覺到翌日九點半，此時兒子才告知，昨晚台北大女兒（我旅美期間住我家照顧外子）來電話說外子進醫院了，病情似又惡化，但女兒叫我不

必急著返台，看情形再說。兒子也希望我留下來，表演完第二場，但我堅決不肯，要媳婦快訂當天的機位，我必須馬上回去。想著他每次去診察時，醫師都勸他住院，以便隨時治療，但他就是不肯住院，此番據說是他自己叫女兒送去就醫，想必是他已感覺出有些異樣了，這一住院，不知是否撐得過去，我可不能讓他有失落感，而自己抱有遺憾。

我面無表情，懷著忐忑不安的心飛返台灣，這一路十三個鐘頭的時間真是漫長，輾轉反覆無論如何也不能成眠，一到台灣與兒子直奔振興醫院，由於他的肺部積水，加上心臟衰竭相當嚴重，呼吸困難，故住進加護病房，探病時間一天只有兩次（上午十時，晚七時），在不能探望的時間，我也只好靠著窗口，墊著腳向內張望，期望能看到一點形影。

每到探病時間，換上無菌外衣進去，他見了我馬上鬧著要出院，還抱怨吃得不好，又孤單，加護病房裡其他病人的呻吟喊叫，令他實在受不了。我們為此與主治醫師商量，如果可能搬出加護病房。

兩天後，他經過多種檢查，確定每項都已恢復正常，終於獲准可以轉到一般病房，他臉上洋溢出無限的喜悅。

春天櫻花燦爛，可惜不久長。

Put your head on my shoulder，永別

他把頭挨著我的肩上，額面貼著我的脖子，重重的嘆了一口氣，彷彿既無奈又滿足的樣子…

我記得很清楚，那一天是十月三日，兒子、大女兒與我一同推著他的病床，從加護病房轉到樓下一般病房。進了病房安頓好一切已過正午。他坐在搖起的病床上，直催著來探訪的大姊與姊夫快點返家，順便還囑咐大女兒陪他們先去吃個午飯去。一點半，女兒吃畢午飯，並帶回一碗酸菜麵，我餵他吃了幾口，他便躺下休息。我與女兒則分別在看書和寫稿。

半小時不到，他突然搖搖晃晃自行坐了起來，我趕忙向前扶著，好讓他靠著我，他把頭挨著我的肩上，額面貼著我的脖子，重重的嘆了一口氣，彷彿既無奈又滿足的樣子，我當他又要撒嬌，便用雙手摟著他。過了一會兒，女兒過來扳開他的頭，說怕鼻孔埋在我的衣領之間，會堵住了呼吸，這時我才發現，他已無鼻

息，連身體也漸漸變為僵硬。

我們嚇壞了，女兒奔出病房外，同時見到護理站的四、五位醫護人員也推著機器跑來，經過了多次人工搶救和電擊心臟全然無效，醫師宣告急救無效。

我們仍不放棄希望，最後要求院方繼續以最新的醫療器材，維持他的呼氣及那似有若無的生命跡象，只為了等到在美國的小女兒及兒媳帶著孫女等人回來，見上最後一面。於是他又被送回加護病房中。

媳婦帶著孫女從洛杉磯專程趕回來奔喪，其旅途中的悽苦是可想而知的，尤其孫女詩蘭曾是外子的開心果，去美國之前住在一起，每見到這伶俐聰明的小孫女，外子就會眉開眼笑，頓時忘卻病疼。所以詩蘭哭得上氣不接下氣，因為她也捨不得疼她的爺爺啊！

住在佛州的小女兒美琪，在夜半獲得噩耗，眼巴巴等到天亮四處去訂機票，她需要換兩次國內線，再接國際班機，按美國人的習慣，機位通常是早早預定，哪裡像她訂當天的，又得時間合適，接得上另一班機。

結果她顧不得掛行李的時間不足，空手快跑，趕上將要關閉的一班飛機返來了，平時即有高血壓毛病的她，一面服藥降壓，又患暈機毛病，雖然服了暈機藥，但因悲傷過度，神經緊繃而不能入睡。抵達機場時，預先返台參加航太小組

紹慶選擇了十月的一個風和日麗的日子，平靜的，
靠在愛妻溫暖的懷裡，告別了人生，無疑是太幸福的壽終了。

開會的女婿紹欽去接她，一路上安慰、開導，做她的精神支柱，相偕來到醫院，見最敬愛的父親最後一面。

回想與紹慶結縭四十八年，由於興趣、愛好之不同，很少有相偕觀光旅遊，或欣賞景物的機會，他常說，出去旅遊又花錢又受罪，哪有在家裡著看電視上的介紹，又清爽又舒服？這理念我不認同，我相信行萬里路勝讀萬卷書，凡事要親臨、要體驗，而不是只靠「聽說」而已。

他看過日本秋季的紅葉和春天的櫻花，他覺得紅葉得由綠轉黃變紅，逐漸增艷，有深有淺、萬紫千紅如錦似繡，遠較櫻花的一堆淡粉悅目，而且櫻花從開放到謝落，只有一星期不到，要抓住盛開滿開的巔峰日，僅僅只有兩三天，這種短暫的生命，讓人感嘆、惋惜。對於日本人在櫻花樹下，秉燭夜遊飲酒歡唱如痴如醉的作樂，他頗為反感，而我卻覺得找個機會真情流露一番，有何不可呢？

紹慶選擇了十月的一個風和日麗的日子，平靜的，靠在愛妻溫暖的懷裡，告別了人生，無疑是太幸福的壽終了。

記得有一個晚上他曾說過：「將來我希望早你一步離開，你若是先我而走，我可活不久的。」一語成讖。記得算命的說過，他這一世是來人間享福的。就在他去世的第二年，我發現患了肝癌，如果他仍舊在世，一定會比當事人的我，更受不了這個重大的打擊。

前年年底，我到日本工作，正好是聖誕節前夕，住宿的飯店有特別餐會，節目表演是來自美國專唱三十年代歌曲的Mail Man合唱團，我選了靠近舞台邊的桌子，三位不同年齡的主唱人非常賣力的合唱著，其中一首「Put your head on my shoulder」，讓我潸然落淚，想起了與紹慶死別的情景，那正是如同這首歌詞Put your head on my shoulder，hold me in your arm，baby，tell me that you love too…

紹慶走了，留給我許多懷念，但我內心坦然，對他沒有絲毫的遺憾和歉疚，因為我為他做了一個妻子應該做的所有事，更為他做到一般妻子不會（也不肯）做的許多事。他應該心滿意足的含笑九泉，來生又會來找我了。

一九七七年秋天，外子與我登上富士山五合目。

大師經典食譜

干貝大白菜麵疙瘩

程紹慶有糖尿病，必須少量多餐，尤其不能餓，平日最方便的點心就是這道干貝大白菜麵疙瘩。櫥櫃裡隨常備的麵粉、干貝和耐放的大白菜，任何時候想吃，隨手就可以做出來。

材料

干貝　2粒
大白菜　150公克
蛋　1個
蔥花　1大匙
麵粉　3／2杯

調味料

醬油　2茶匙
鹽　適量

做法

1　干貝放在碗中，加水，水要蓋過干貝約1公分，蒸三十分鐘，涼後略撕散。

2　麵疙瘩的做法：把麵粉放在大一點的盆中，水龍頭開到極小，讓少量的水慢慢滴入麵粉中，一面滴一面用筷子攪動麵粉，將麵粉攪成小疙瘩備用。

3　白菜切絲；蛋打散。

4　鍋中用一大匙油炒香蔥花和干貝絲；放入白菜同炒，見白菜已軟，加入醬油，再炒香，加水三杯（包括蒸干貝的汁）煮滾。

5　加入熟麵疙瘩，煮滾後改以小火再煮一下，至麵疙瘩已全熟，加鹽調味，最後淋下蛋汁便可以關火。

大師的經驗

麵疙瘩的材料豐儉由人，為了讓煮出來的麵疙瘩湯清味鮮，麵疙瘩可以先用滾水燙熟。尤其量多的時候這道手續絕不能少。如果只煮一碗的量就可以偷懶省卻川燙手續。

大師經典食譜 × 干貝大白菜麵疙瘩

西炸明蝦

吃來有「聲」(一口咬下卡滋作響)、有「色」(大隻氣派)的「西炸明蝦」，是程紹慶和一家人都愛的節慶大菜。
雖然明蝦處理起來頗費工夫，但美好的滋味和口感，
即使再多一些辛苦都是值得的。

材料

明蝦　8隻
麵粉　2／3杯
蛋　2個
麵包粉　2杯

調味料

鹽、胡椒粉　適量

塔塔沾醬

白煮蛋蛋白切碎　1大匙
酸黃瓜切碎　1／2大匙
洋蔥瓜切碎　1／2大匙
美奶滋　3—4大匙
鹽　適量

做法

1 明蝦沖洗後剝殼，抽掉砂腸和腹部下的白筋，由背部劃一刀，成為一片，撒下調味料略醃一下。

2 蛋打散；麵粉和麵包粉分別放在兩個盤子裡。

3 明蝦先沾麵粉，再沾蛋汁，最後沾滿麵包粉，備炸。

4 小碗中將塔塔沾醬準備好。

5 鍋中四杯炸油燒熱至攝氏一百四十度(約七分熱)，改成小火，放入明蝦炸約一分鐘，改成大火，再炸十至十五秒左右(如果家中爐火不大時，可將明蝦先撈出，把油燒熱再放下明蝦以大火炸酥)。

6 見明蝦已成金黃色，撈出，在漏杓上放一下，瀝乾油漬，或放在紙巾上吸掉一些油份。

7 裝盤後附上塔塔醬上桌。

大師的經驗

大明蝦的鮮美口感無以替代，但實在太貴，我發明的變通方法是，將五隻小蝦（白沙蝦）用牙籤串成一排，同樣沾麵粉、蛋汁和麵包粉下鍋酥炸，做成更「食惠」的西炸小蝦排，入口時同樣有一大口蝦肉的過癮感覺，價格卻便宜多了。

想吃到外皮酥鬆「卡滋」的美好口感，切記在裹麵包粉時不能硬壓，要保持鬆鬆的感覺，炸出來的大蝦外衣才會鬆脆可口。

Chapter.13

一身煮藝走天下

從六〇到八〇年代，傅培梅儼然就像中華美食代言人，透過她的烹藝將中國菜的博大精深推向全世界。憑著這身好手藝，在那個沒有開放觀光的年代，傅培梅已遊展天涯。

英文演講練膽量

我花了一整天的時間，照著巴巴拉的稿子背誦練習，也無心外出遊覽，當天又到中國城梳化了一個包頭，以搭配我的滾邊黑色長旗袍。

吃是最好的話題，也是最柔軟的外交手段，在國內每當有外國媒體、記者或作家到台灣來作採訪或報導，吃的文化常被列入行程之一。自六〇到八〇年代，經由新聞局、觀光局、僑委會、外交部安排國外媒體來採訪我，或介紹吃的文化，或參觀我的示範表演，總共不下二十次。

為國家做宣傳，為中國飲食文化發揚盡力、付出是應該的事，除非有指定會場，否則我都會安排在自己的烹飪補習班內做示範，一來場地比較習慣，同時又可以節省體力且得心應手。

一九七五年十一月，我接到美國主廚協會（Chef's de Cuisine Association of

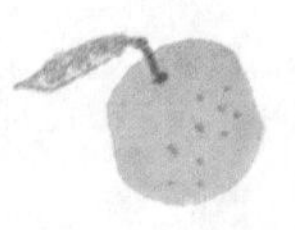

出席美國主廚協會年會，發表演講於洛杉磯（一九七六年一月）。

America）的邀請函，希望我參加翌年一月十九日，在洛杉磯的五十週年年會。我很高興地拿著來函去美國在台協會辦手續，竟然獲得四年簽證（編按：當時美簽不容易拿到），可見該主廚協會在美國受重視的程度。

好友巴巴拉（食品廣告模特兒）與P.C.Lee（烹飪老師）來接機，並教我如何幽默文雅地在大會上演講，我實在有點兒心裡打鼓，並不是面對上百來賓會怯場，而是對自己半吊子的英語沒信心，怕發音不準成了雞同鴨講。我花了一整天的時間，照著巴巴拉的稿子背誦練習，也無心外出遊覽，當天又到中國城梳化了一個包頭，以搭配我的滾邊黑色長旗袍。

到了傍晚六點，高登夫婦兩人來接我到了Ambassader飯店會場，洋人規矩，飯前照例在大廳先喝雞尾酒寒暄一番，晚上七時正，主席班尼根先生帶我進入台上座位。站立唱國歌時，右手放在左胸前，我能感到自己強烈的心跳，腦中想的盡是演說稿，生怕等一下會忘詞。

大會首先頒發了去年度的有功人員獎牌，再宣佈新當選理事並宣誓就職，然後由主席致詞，並介紹特別來賓的我，接著開始當天的討論主題，介紹veal（犢牛肉）的特質，部位及用法。他們也徵詢身為外國來賓的我的意見，要我發表一下對犢牛肉的觀感。對於從未吃過也未見識過的這種只飼養一年就宰殺的犢牛肉，我只好說老實話，台灣還沒見過，本人也不曾吃過，不過將來如果進口到台灣，我一定會設計許多中式烹調法，來做推廣。

由於在場的都是美國大廚師，我又是外國來的同行，所以我呼籲如何來增進了解與友誼。「I think that cooking is a vital part of a country's culture. All of us in the culinary field have the responsibility to maintain our

協會主席Mr.Banagan頒給我一塊木框鑲的感謝狀，上有美國國旗及主廚協會會旗。

country's cultures. By sharing our various cuisines. We can increase mutual understanding and friendship around the world.」

台下響起了共鳴的掌聲。演講最後，我仍不忘做做國民外交，強調歡迎他們來訪中華民國台灣寶島：「You're welcome to visit our country. Taiwan, The Republic of China where you can experience the joy of eating authentic Chinese food.」以享受正宗的中華美食。

當天晚會上，班尼根發給我一塊印有美國國旗和烹飪協會會旗的獎牌，感謝我遠渡太平洋來參加他們的盛會。

參加美國主廚協會年會紀行

臘月中旬，正當一般家庭主婦們在計劃如何準備過年的當兒，我這個內外兼顧的職業婦女卻匆匆搭了飛機飛出國去了。我此行目的是參加元月十九日在洛杉磯舉行的美國主廚協會(Chefs de Cuisine Association of America)年會，以貴賓身份應邀發表演講。

由於工作上的關係，出國對我來說本是件常事，但這次到美國卻感覺特別有意義。美國主廚協會是一個有五十年悠久歷史的組織，不僅在美國有崇高的地位，對歐洲大陸也頗有影響力，一年一度的集會是該協會最重要的一項活動。邀請函是在去年十一月間寄來的，接到這封邀請函使我又驚又喜，驚的是未經任何人介紹，他們竟然會找上門來，喜的是能在這樣一個正式的大場合裏向一些傑出的專家介紹中國的烹飪，是千載難逢的機會。

演講稿一改再改

當我拿着這封邀請函到臺北美國大使館申請簽證時，大使館居然一簽就是四年，也可見得美國主廚協會在一般人心目中是多麼受到重視了。到了美國後我迫切地找了一位美國朋友芭芭拉小姐，替我修改那篇在國內費了九牛二虎之力擬好的英文演講稿，芭芭拉是一位著名的食品廣告模特兒，也在烹飪學院教授製做點心，她一看，說篇洋涇濱英文改不勝改，乾脆就原意替我重寫，花了一整下午的時間，還自己錄下音，讓我跟着她的錄音練習。十七、十八兩天摒棄一切他事，就在旅館裏背這篇在我看來深奧無比的文章(因文中很多用字及詞句是我從未見過的)。

對着幾百人演講的場面我並非沒遇過，只是用英文演講，語言上自己沒太大把握，所以才鄭重其事地背了兩天講稿，直到自認爲已經滾瓜爛熟了爲止。十九

傅培梅在主廚協會年會中演講

吃是最好的話題，也是最柔軟的外交手段，
在國內每當有外國媒體、記者或作家到台灣來作採訪或報導，
吃的文化常被列入行程之一。

赴菲授課，成果收穫兩豐碩

由於過分勞累，天氣又熱，每晚各種邀宴不斷，兩週下來我竟然胃出血，我抱著「既來之則安之」的心態，一定要把課程教完再返台。

我在國外教菜時間最長的一次，是一九七二年應僑委會之邀，前往菲律賓「菲華暑期文教研習會」上課，由於行前的幾次會議皆因母病，陪她住院而無法參加，以致未弄清授課日程，便在四月二日母親的葬禮過後第二天即匆匆出發赴菲。

該研習會是僑委會發起由當地大使館及文總、商總和僑界所辦。專為菲華青少年及在職教師，和熱愛中華文化的人士進修設立的短期教育措施，原來只有語文、戲劇、國畫書法、寫作等課程，自一九七二年這一年增加了中國烹飪，介紹

吃的文化課程。

主辦單位希望能請到我去教授，曾派專人來接洽多次。到了當地才知道報名者超過了五百人，還有官方要招待的菲國等外交界的夫人們，授課的班級必須分別用國語、英語和閩南語來講解，（菲華多來自福建，年逾五十的不諳國語，卻頗熱心學習「煮吧」），每班六、七十人，共分成六個班，幸好有所謂的班主任負責去組班，我只負責安排出菜單，每班有兩個半小時講解授課和示範教做。

菲律賓華人雖多，但中國食材十分缺乏，尤其青菜類更是少見，我必須就地取材，絞盡腦汁改編食譜來授課，由於過分勞累，天氣又熱，每晚

一九七二年赴菲授課，結業典禮上獲菲華楊啟泰主席頒給感謝獎。

各種邀宴不斷，兩週下來我竟然胃出血，聖公會中學洪秀針校長帶著校醫陳潤生女士，來教室陪著我，定時給我打針服藥，我抱著「既來之則安之」的心態，一定要把課程教完再返台。

我們這些政府派出來教各種文化技藝的老師們，被安排住在王彬街國際大飯店，星期假日，承辦單位還派嚮導帶我們去名勝地區遊覽。菲國華僑一般都十分熱情，尤其重視同鄉同宗之誼，結業前每班都舉行情意深長的謝師宴，每位學員或多或少都贈送我紀念品，有雪茄、布料、木雕、草包、糖果、芒果乾……應有盡有，她們對我的愛戴由此可見。但是隔年僑委會再度來邀時，因為離家時間太長，無法照顧丈夫與孩子，我便以此為理由婉拒了。

到了第三年，經由秘書長及舊日班主任的一再函邀下，勉為其難的我再答應去教半期（三週），而接下來的課程則由我補習班的蒙老師繼續接手。許多以前的學員又來參加，使我不得不選擇最新的創意食譜施教。學員的熱忱不減，爭先邀約陪我外出購物，剪裁衣物，或品嚐菲國美食等。三週後，離別時幾乎半數的學員冒著豔陽來機場送行，將那用清香小白花編織的花環一條條套在我的頸子上，使我體驗到友情的可貴。在機場內，任職大使館的荊專員與熊秘書已等待著我，

（上圖）在菲律賓現場教課情形。

（下圖）結業式當天陪大使參觀學員的成績展覽。

並笑著告訴我：「劉大使在裡邊候著您呢。」果然，過了護照查驗台，入內即見劉大使迎來，手執三條花環，劉大使如慈祥的長者，在我兩度來菲工作時，為了增加我的見識，多次邀我品嚐美饌，參加當時馬尼拉一家大飯店定期舉辦的歐洲美食週。

印象最深刻的是「法國週」，第一次吃到世界五大美味之一的正宗「焗蝸牛」，我看著劉大使用左手拿起特製的鉗夾，自有洞的焗盤上，夾住一隻蝸牛，右手執小叉由蝸牛殼中，挑出一粒油亮亮的蝸牛肉來，我也依樣畫葫蘆，一吃才知道原來蝸牛肉那麼香滑嫩美，真是美味極了。

飯後有來自巴黎的藍鈴Blue Bell舞團的表演，曼妙的鈴聲協奏曲，從每位舞孃的大蓬蓬裙的裙襬上繫著的鈴鐺「演奏」出來，隨著她們站立、蹲下或搖或擺，所有動作發出不同音響，我看得發呆，聽得入了迷。

另外一次是「巴基斯坦之夜」，他們的音樂敲擊十分特殊，是在木架上懸吊著長短不同的十多支黃銅管，帶著瓜皮帽的演奏者，盤腿而坐，去觸打那些管子，剎時只見管子微動而發出聲音來，高低有致不亞於琴鍵，雖韻律不同卻成名曲，頗具民族特色。

劉鍇大使是老外交家，一九七二年年初，他新來上任駐菲律賓全權大使，外交部為他聘去的廚師「阿飛」，是個瘦弱上了年紀的人，廚藝很差。劉大使到任後，難免常在官邸邀宴當地外交界人士。為此曾囑咐我，前去教廚師幾手，尤其是盤飾的技巧，我在教課時發現阿飛頻頻乾咳，有氣無力的樣子，經我追問，他承認自己患了肺結核。為此事我在返台後，曾寫信給大使的秘書羅龍先生（後來升任駐奧國代表），建議為劉大使一家安全之計，應該換個健康的廚師才好。

菲國華僑一般都十分熱情，尤其重視同鄉同宗之誼，
結業前每班都舉行情意深長的謝師宴，每位學員或多或少都贈送我紀念品，
有雪茄、布料、木雕、草包、糖果、芒果乾…應有盡有，
她們對我的愛戴由此可見。

南非之行意外多

南非廣播公司電視部SABC，
安排我在當地第一大報明星報的大廚房中表演，
向來以動作快聞名的我，這次也頗感吃力，
一次又一次的把內容緊縮，快手快嘴的，終於圓滿地表演完了。

一九八二年十月，南非約翰尼斯堡華僑公會，為慶祝雙十國慶，舉辦為期一週的中國週活動，在會場的動態表演，除中國功夫、書法、民族舞蹈等節目外，最受歡迎的就是我的烹飪示範了。

到達後的第二天，相繼有當地報社記者來採訪，並請我在當地招待我的僑領家裡，做出幾道菜來供他們拍照，因是臨時安排的採訪，主人家的冰箱也找不出合適的材料可供烹煮，只有裝模作樣一番，手拿鏟子，站在炒鍋前拍半身照。我請大家屆時還是到會場觀賞，必會驚訝於中國廚藝之高超，並告知有品嚐機會，以招攬南非人民來見識我國的飲食文化。

展覽場地很大，我指導工人們連夜搭蓋起一間具有中國味道的廚房，還撕開三

本帶去的「培梅食譜」，取用其彩色照片，張貼在背後木板上作為裝飾，這次未帶助手，只有自己包辦一切，眼到手到、事事親身去做。表演時須以英文解說，此地華僑也習慣說英語。

國慶前夕，南非副總統蒞臨會場，還與楊大使一同被邀上台，大跳山地舞，翌日報上用四分之一版面刊登出他們的彩照，而普京市長Mr. Smith在國慶日當天，參加大使官邸舉行的慶祝酒會時與我寒暄，希望我帶回他對大家的祝福。在這裡，我感受得到經由楊西崑大使多年的努力，所建立的成功邦交。

關於南非之行，我另外一項任務是到當地電視台表演中國菜，以推廣外交形象，本來上電視做菜對我來說是家常便飯，用英文教授也並不困難，但南非不同於其他國家，不但東方材料、佐料不易找到，連廚具、器皿也有錢難買，故動員大使館館員，上至杜總領事家用的磁器以及各武官家中的爐灶、鍋盆，都借來派上用場，尤其新聞參事張敏智先生多方奔走，最為辛苦。

南非廣播公司電視部SABC，安排我在當地第一大報明星報的大廚房中表演，我想就地取材，可以讓觀眾在欣賞之餘能學著做，便示範了「雀巢雞丁」和「葡萄魚」，由於節目時間只有二十分鐘，我不但要實際操作做完成品，還要將每一個過程交代明白。

（上圖）去南非電視台示範，錄影花掉一天，播出只有十二分鐘。

（下圖）普京市長於雙十國慶日參加大使館酒會。

向來以動作快聞名的我，這次也頗感吃力，一次又一次的把內容緊縮，快手快嘴的，終於圓滿地表演完了，這短短只有二十分鐘播出時間的節目，電視台竟動用了兩部OB（外景攝影工程車）車，三部攝影機以及十數位工作人員，自上午十點連拍七個小時，可見這節目製作的嚴謹與受重視程度。

楊西崑大使頭一天為我擬的一篇風趣而高雅的開場語也來不及講，劈頭就說：「Today, I would like to show you…，」那習慣上我常對洋人說的結尾語「Welcome you to Taiwan R.O.C.…」當然也都沒有時間講了。

在南非遇到了三十多年前的學生桂太太，他夫婿擔任公使，在普京他們的家裡，桂太太指著光滑的餐桌大檯子說：「老師妳相信嗎？這就是我的爐子，我都在上面燒飯煮菜呢。」板面的四個角上有不太明顯的掀鈕，按下去一個方位的板就加熱了，原來那是大型的電磁爐。後來我於一九九八年，開始在台灣為中式廚房電磁爐做代言人，既清潔又方便，美觀而安全，有著許多優點，時代進步了，從廚具上便可獲得印證。

南非的十月正是春天，溫暖舒適，奇花異卉，種類繁多，玫瑰花、繡球花都開得比台灣的大上兩三倍，不過我最高興的，是看到夾道的大樹上一簇簇的淡紫色「嘉卡蓮大」，它與日本的櫻花相似，同樣還沒發出葉子，小花就先盛開，遠看有迷濛感，置身其間像漫步在雲霧中。

十月九日午後，我正預備趕赴會場時，天空忽然烏雲密佈，接著霹靂啪拉下起冰雹來，開始時如彈珠般大小，後來像乒乓球，打得我們的車頂碰碰作響，連擋風玻璃也快被打破似的，一陣急驟過後又緩慢下來，不久便停止，然後即刻放晴了，那如同世界末日般可怕的景象，至今仍心有餘悸。

雖然楊大使一再建議我應該到好望角（開普頓）去玩玩，但出來已十多天，我又惦記著家中大小，歸心似箭了。

為期一週的中國週活動，在會場的動態表演，
除中國功夫、書法、民族舞蹈等節目外，
最受歡迎的就是我的烹飪示範了。

春花燦爛韓國行

當天來看示範表演的是由韓國各地來的婦女會幹部，
也有官方派來的和傳播媒體有關的男男女女，約五、六百人。
我每天示範雞、豬各五種……

一九八三年五月，駐韓國薛毓琦大使致函外交部，要求推荐一位烹飪名師前去漢城（現稱「首爾」），協助韓國推行全斗煥總統發起的「新生活」運動，教韓國人如何做出美味的豬與雞的佳餚，那是因為韓國人不諳調味及烹飪技巧，且誤信豬隻有害人體而嗜食牛肉。

我答允前去，並加聘陳天生師傅同往。時值春天，漢城處處花香，尤其是光枝上綻開小小黃色的迎春花，和有白、有紫和粉紅色濃香四溢的丁香花，在我們下榻的新羅大飯店的前院後山，處處皆是。

當天來看示範表演的是由韓國各地來的婦女會幹部，也有官方派來的和傳播媒

介紹雞肉和豬肉烹調，讓韓國婦女幹部在學習後傳授至全國。

體有關的男男女女，約五、六百人。我每天示範雞、豬各五種，由山東同鄉，開餐廳的李香芳（後來成為我乾女兒）擔任翻譯，工作之餘，每晚均被宴請觀賞民族性娛樂節目，喝滋補的人參雞湯，倒也相當愉快。

主持這次全國新生活運動的總長，是總統的弟弟全敬煥，他的個子較其兄高大，單眼皮，一副典型韓國人的面孔。一天，我應邀前去總部拜訪他，桌上插著兩支中韓國旗，他說韓國人與中國人是兄弟之邦，中國人吃什麼，韓國人都會喜歡吃的。然後他起身帶領我們步出大門。到外面山坡上走走，當我看到前方一大片迎春花海時，不覺加快腳步奔了過去，此時他隨身的一位幹部，靠近我說了一串韓文，經翻譯後知道他的意思是不要走太快，不要走在總長前面。

我心想這裡是花園，我又是你們政府邀請來的

時值寒冬，戶外氣溫零下十數度，小市場及店舖取暖用的，
是老式有煙囪的火爐和出售的洋鐵皮熱水暖筒（俗稱水鱉子），
撩起我許多兒時的回憶。

貴賓，有何關係？以前聽說韓國尊男卑女之風氣較日本為甚，由此可見一般。

第二年秋天，全敬煥來台北拜會，我被邀請參加政府在延平南路三軍軍官俱樂部的歡迎宴，席間我向坐在主桌的他舉杯敬酒時，他居然站起身來並要求與我互套手臂交叉碰杯，面對著在場的三軍首長及政府官員，我感到十分尷尬，卻不知如此的「交杯酒」，在韓國是最高敬意的表示。而他又不知中國只有新郎新娘才喝這種交杯酒呢。

我到漢城工作其實並非第一次，早在一九八一年，我還在做澳洲肉類畜牧協會遠東區督導時，協會推荐我來韓做友好訪問，當時韓方由農畜部部長及有關高級人員接待，他們還商請在韓國與我對等身份的資深烹飪家王俊連女士全程陪著我。王女士精通日語與我做很好的溝通。

韓國為了減少購自澳洲的牛肉，急欲提倡國內養豬業來做彌補，並為豬肉銷路開出一條路來，為此再三與我開會，詢問中國人如何使用豬肉？記得當時我當禮物帶去的兩罐肉鬆，立刻在桌上就成了他們研究討論的對象。時值寒冬，戶外氣溫零下十數度，小市場及店舖取暖用的，是老式有煙囪的火爐和出售的洋鐵皮熱水暖筒（俗稱水鱉子），撩起我許多兒時的回憶。在那裡被邀宴，所招待的是純韓國菜，而且是坐在炕上，就矮桌取食，頗具民族風味。

國台雙語，馬來西亞義演

與我接洽的工作人員，十分堅持每場要教授五道菜點，並要求四場菜色不得重覆。她們挑選許多高難度的菜點，我一向有求必應，便全部答應下來。每場均竭盡所能去教授。

一九八三年十一月，馬來西亞僑界為籌募華文獨立中學發展基金，邀我到吉隆坡表演兩天（四場）。我為了表示參與的熱忱，以贊助籌款活動，便欣然答應，並順便偕同外子帶著女兒（擔任助理）前往。

表演場地在市中心區的美侖大飯店舉行，我們也就下榻於該飯店，開幕儀式中當地政府的衛生署長前來致詞，工作人員全穿上印著我的半身照片的藍、橙色圍裙。由於買票前來觀賞學習共襄盛舉的人很多，主辦單位在場地的中央及後方設置了轉播電視牆，以便民眾觀看。

我在那裡的講解要用國台語。當初與我接洽的工作人員，十分堅持每場要教授

五道菜點，並要求四場菜色不得重複。她們挑選許多高難度的菜點，我一向有求必應，便全部答應下來。心想難得在此表演，讓參加者滿意才是我的榮譽，故每場均竭盡所能去教授。

馬來西亞有許多台灣新娘，多半是在先生留學台灣時結婚的，在此地協助先生經營各種生意，一起打拚。第二天晚上我國駐馬代表孔令晟先生，在公館宴請我們，許多年輕僑領（都是留學過台灣的大學生）也來參加。他們談到十分懷念台灣的四川小吃，很想聚資在當地開創一家。希望我能為他們物色一位人品好的廚師。翌年我替他們尋到一名年輕老實的川菜師傅過去，經籌備半年，開了龍興川菜餐廳。

馬來西亞資源豐富，風景美麗，尤其是檳城的Rosa Sayang海灘非常迷人，一排排搖曳生姿的椰子樹，和細砂的黃金海岸叫人留戀忘返。能趁工作之便，有機會走遍世界各地，觀賞到美麗風光，不能不說是一大額外的收穫。

台灣烹調權威

傅培梅抵馬
現身說美食

台灣烹飪權威傅培梅說菜要做得好，第一刀工要均勻，第二火候要夠，第三調味要適量。

她說：「好比炒牛肉，如果切得一片薄一片厚，那麼炒好的時候，薄的都熟了，厚的還是生的，或者說厚的都熟了，薄的都老了！所以刀工很要緊。至於配料，當然很重要的，比如這種四川菜需要十種調味料，你放了八種，少了兩種，出來的味道，自然不同。

她指出：「比如說，麻辣黃瓜，什麼叫麻辣，麻辣裏面包括了有辣椒，有麻油等七八樣東西，一定要配在一起，味道才叫麻辣味。」

傅培梅常叫學生膽大心細，因為「很多年輕的女孩子，看到油熱了，快點放[illegible]，又不敢放，站得遠遠的丟，這是不對的。」

傅女士將於十一月十九日至廿日，於美侖酒店豪麗廳作示範表演。介紹廿樣菜餚及點心。每天示範八個菜餚及兩個點心。

傅培梅女士這次是應馬來西亞留台同學會婦女組之邀前來馬來西亞作烹飪示範表演。

傅女士在大馬四天後才前往新加坡逗留兩天。

馬來西亞留台同學會婦女組副主席兼烹飪示範表演，籌委會主席陳玉英（左）向台灣烹飪權威傅培梅請教烹飪藝術。

獎賞之旅，澳洲行

我除了一一作答來賓們所提出的問題之外，也順便將中國菜，以地理上的區分做系統說明，並介紹了台灣餐飲業的概況。

一九八五年，澳洲肉類畜牧協會在台舉辦「第一屆牛羊肉烹飪大賽」，活動結束後，擔任主審的我與五位得獎人，應邀前往澳洲參觀訪問了澳洲牧場及名勝，還在澳洲第一大城雪梨和有「新金山」之稱的墨爾本觀光一週。澳洲地廣人稀、物產豐富、環境優美潔淨。我們參觀了他們現代化的屠宰場，大型的超商及聞名的跳蚤市場。

在此之前，經聯中廣告公司之仲介，我已擔任了澳洲肉

我國著名烹飪專家
傅培梅女士訪問澳洲
□雷鎮宇

一九八五年三月底率領五名比賽優勝者前去澳洲訪問。圖為畜肉協會主席頒發獎狀後，全體合照。

類畜牧協會兩年的顧問，報章雜誌上的廣告畫面也都是用我的照片和牛肉食譜作為宣傳。澳洲的該協會是半官方性質的組織，是負責對外推銷肉類的機構。

我們到達當天，主辦單位設宴招待。席間主席Mr.Jorden頒發優勝獎牌給五名優勝者，並贈送感謝狀及禮品，答謝我為他們商品推廣的功勞。我也致詞表示這次實地參觀牧場的壯觀及工廠嚴謹的衛生設備，返國後一定告訴國人，安心食用更多澳洲牛羊肉。

翌日晚上，協會特地為我

安排與當地婦女界領袖，及著名烹飪家一共十人，在當地最有名的餐館Butlezs座談。我除了一一作答來賓們所提出的問題之外，也順便將中國菜以地理上的區分做系統說明，並介紹了台灣餐飲業的概況。另把我的「培梅食譜」提供他們傳閱，使他們了解更多中華美饌。

走訪墨爾本時，受到中華文化中心主任雷鎮宇先生的熱心款待，並陪我們拜會了中華公會主席劉錦然先生，及文化中心顧問兼餐飲雜誌發行人Bruce Skegge先生。墨爾本的古都風味，雪梨的國家歌劇院及動物園的袋鼠和無尾熊，都讓我們開了眼界。

澳洲肉類畜牧協會後來還安排我到東京去拍攝牛羊肉的食譜，以製作宣傳手冊。又推薦我到韓國畜產省教授豬肉的各式烹調法，時值歲末十二月，零下十多度，街道積雪結了厚冰，離開大連五十多年的我，已經不習慣在如此寒冷氣候中活動。

一九八六年，協會選在新加坡舉行泛太平洋的推廣活動，並請我到五星級的帝國飯店頂樓花園，示範牛羊肉的烹調，參觀者多為邀請來的當地酒店老闆及大廚。名廚譚銳佳及冼良先生，還特別率領餐飲公會二十餘人，專程前來捧場，內心十分感激他們的盛情。

澳洲地廣人稀、物產豐富、環境優美潔淨。
我們參觀了他們現代化的屠宰場，大型的超商及聞名的跳蚤市場。

歐洲行，獲得東方茱莉亞・喬德美譽

一九七一年紐約時報的記者Raymond Sokolov就寫過：「Pei-Mei, could be called the Julia child of Chinese cooking」（培梅乃中菜之茱莉亞・喬德）。在這裡我又成功地做了一次發揚中國飲食文化的工作。

一九八五年十月，我飛抵荷蘭鹿特丹，除了參加台灣農產食品展示會，這趟行程除了要宣揚台灣農產品，還有一項重責大任是，協助這裡的中國餐館使用調味醬料烹出好味道。

當時的外貿協會、國貿局、農委會的李秀博士去歐洲視察後，曾反應說歐洲地區華僑經營的中餐館，面臨的一個大問題就是，中國菜調味料取得不易，所以大都無法做出味道正宗的中國菜。他建議國內廠商若能研究開發幾款常用的調味醬料供海外使用，必定對改善歐洲中國菜餚有幫助。

李博士當初授意中興大學食品科從事此項研發工作，正巧參展的世華公司，知

道我早年曾為統一公司研發出幾種類似的調味醬，於是將兩個單位研究初得的各種成品，由專家做評鑑，從中選取五種——宮保料、魚香料、醬爆料、糖醋料和麻辣醬。我將配方交給世華公司正式生產，專供歐洲僑營餐館之用。

為了推廣使用技巧，才派我參加這次的台灣農產食品展示會，行前並印就了中英文的各種調味料菜餚小冊，我又另找了擅長四川菜的周師傅同行，以壯聲勢。小兒顯灝顧念我的健康情況，自費同往隨行照顧，農委會派出科長技正共四人，連同有關參展單位人員，包括製茶公會、食品公司（如統一、禎祥、味全等）、冷凍食品、調理食品、大埔農會等二十多人。

行前，我與負責主辦此次活動的荷蘭遠東

（左圖）一九八五年十月在荷蘭的中菜示範會上，為配合台灣農產品外銷歐洲市場舉辦，許多中外業者前來觀賞。
（右圖）前來觀賞烹飪之中外來賓十分踴躍。

貿易服務中心主任江顯新先生，書信往返聯絡過多次，再相見之下有如舊識般親切。他在我們到達的當天中午於鹿特丹一家有名的餐廳請吃午餐，主菜是當季的海鮮淡菜（北方人叫海紅），看到送上來的熱氣騰騰，裝在盆裡的桔紅色淡菜，每人都驚訝不已，一人一盆，少說也有兩磅多，用叉子剔出背肉，沾上附來的溫牛油，送入口中，其味之美實難以言詞來形容，貝腹中含著一泡汁液，甘鮮之極。

江太董思純女士，更是細心關注我的一切。此行還見到在鹿特丹郊區開餐廳的老學生包漢興夫婦，也來熱心幫助演出的工作。每天下午一次示範，由我及周師傅各做兩道菜，他做的時候，則由我以英文解說，因抽油煙設備不佳，場內油煙很重，卻沒有人離去，每場都十分受來賓歡迎。

業界也在當地舉辦品嚐會，我提供調味醬，委由飯店廚房做出料理供來賓試吃，會場見到青年僑領嚴荷凱先生，他安排我認識當地著名餐廳經營者十數位，並舉辦一場針對當地市場設計的餐飲改良座談會。

翌日嚴太太春蘭陪我與江主任接受了當地大報「JOURNAL」的採訪，再隔一天報上出現一張三人合照的大照片，文稿中指出Fu Pei Mei是自由中國的Paul Bocuse（法國的第一名廚）。閱報後，當地華僑均認為我當之無愧，記得早在一九七一年紐約時報的記者Raymond Sokolov就寫過：「Pei-Mei, could be called the Julia child of Chinese cooking」（培梅乃中菜之茱莉亞．喬德）。茱莉亞乃全美著名的電視節目教法國菜的權威。在這裡我又成功地做了一次發揚中國飲食文化的工作。

在海牙，我們正好參加了中華民國的國慶慶祝酒會，前一天，柳大使宴請全團坐船遊河，現場還有數位來自國內的海軍技士人員，他們是為了接收委託荷蘭維洛姆工業集團建造的兩艘潛水艇而來的。觀光船的船身呈現長長的流線型，沿著河岸一路靜靜滑行，遊客可將視線由左右玻璃窗向外觀賞風景，船行三十分鐘便是遊覽終站，原先乘坐的旅行團巴士也經陸路來此會合了。

A taste of Taiwan

Visiting Taipei's cooking schools

by Michael Pullen

JOURNAAL

Scheurkalender

Fu Pei Mei kookt in Rotterdam

Chopsticks

每天下午一次示範，由我及周師傅各做兩道菜，他做的時候，
則由我以英文解說，因抽油煙設備不佳，場內油煙很重，
卻沒有人離去，每場都十分受來賓歡迎。

美國表演形形色色

雖然國外的烹飪表演辛苦，但回憶起來仍然十分甜蜜，
尤其得到觀眾的掌聲、肯定及尊敬，
更覺得一切苦都是十分值得的！

應邀去國外宣慰僑胞，和上電視表演一樣都屬於比較辛苦的示範教學工作，因為臨時搭建湊合的設備及用具都不順手，材料也不盡理想。

雖然每到一地表演之前，我都會事先與主辦單位多次溝通，告知我需要什麼設備、多大的工作檯、多高的爐台、什麼火力的爐子、什麼樣的菜墩、炒鍋、湯鍋或調味料，卻沒有一個地方能完全按我的要求備齊過，屆時也只好將就一點，吊著手臂炒菜（因為爐子太高），或九十度彎腰切菜（因為檯子過低）。器皿不夠用，或不合適也只好隨機應變。

無論到那一國，我最希望能將表演場地設在大飯店中，不但場面寬敞，設備完善，通風良好（我最怕熱），最重要是，飯店廚房的器皿應有盡有，不至於臨時

抓瞎。

回想去過的國家地區，除日本之外，應該算美國比較方便，尤其洛杉磯，前後共去過三次，其中後兩次是在Mid Town Hilton大飯店的大廳上課；場地十分寬敞，廚房就在附近，可以隨時支援。當然也很感激當時華僑文教中心的許引經主任的大力協助，巧的是，我們早在菲律賓表演時，就已經是熟識的老朋友了。

盛情邀約，一面旅遊一面工作

舊金山是老華僑的大本營，在唐人街的中華會館表演時，來參加的以年紀較大者為多，人來人往走動不定，秩序很亂，團團向前靠攏，連放在架子上的「培梅食譜」也被順手牽羊偷走好幾本。後來我走訪那裡的許多中國書店，他們都出售盜版的培梅食譜。我向他們要求訂購我的正版食譜，反被拒絕，原因是盜版的進價只有我們的六分之一，商人重利，輕視作者的

配合南加州海華文藝季活動

烹飪名家傅培梅專程來洛城

中城希爾頓舉辦中國烹飪講習

【本報洛杉磯訊】聞名世界的中國菜是吃的藝術，洛杉磯中城希爾頓飯店配合南加州「海華文藝季」，特別自中華民國邀請中國菜烹飪名家傅培梅來洛擔任「中國菜烹飪講習班」講師，並作示範表演。

烹飪講習班由羅省華僑文教服務中心贊助。僑教中心主任許引經表示，中城希爾頓飯店負責人周曉天在返國期間徵得傅培梅教授的同意，決定於一九八九年一月十四、十五兩日，在該飯店舉行烹飪講習班，介紹中國菜的烹飪藝術。

講習班的詳細時間、班次及參加辦法如下：

班次：華僑婦女烹飪班，以旅美學人、留學生及一般華僑職業及家庭婦女參加為準。A班為一月十四日下午一時至三時，B班為一月十五日上午十時至十二時。

廚師預備烹飪班，以有意從事餐館或家庭式小型餐廳廚師工作者參加為準，時間係一月十四日上午十時至十二時。

國際婦女烹飪班，以能講英語，有意學習中國菜烹飪藝術之國際婦女參加為準，時間是一月十五日下午一時至三時。

每個班次名額以一百名為限，按報名先後為序，額滿為準。參加者每人需繳納材料及雜費十元，可向中城希爾頓飯店(二一三)六六二－八〇一一或僑教中心(二一三)六二六－七二九五報名。

行為，真令我欲哭無淚。

一九八五年初夏，我們一家三代（孫子孫女一起）到佛州小女兒家度假，不久接到德州休士頓婦女僑團的邀請，去為美南工商會做一次示範表演（五月五日），協調會劉處長代表休市華僑致詞歡迎，前來觀摩者包括許多當地餐廳業者，非常轟動，旋後經由新聞局章處長的推薦，到當地的「法國烹飪學院」去教授了五道菜，也上了Good Morning Huston的早晨電視節目，在此外子則與闊別多年的好友姚崇先生見到面，歡欣異常。

達拉斯華人活動中心主任聞訊，連夜來電極力邀我就近再北上為他們也表演一場，盛情難卻之下，只好答應飛去為他們授課，因時間急迫，來不及預先設備，將就原有桌椅，拼湊著用了。全家人陪著我一面旅遊一面工作。好不容易教完課，可以回佛州共享天倫之樂，放鬆一下心情，不料回去才三天，居然接到新聞局駐紐約辦事處的電話，邀我到紐約上電視示範中國菜。

當時我以單純來美度假為由婉拒，沒想到駐休士頓的新聞局張處長特別來電說情：「為國家做事嘛！借重您的專長宣傳台灣呀！」張處長曾在駐南非時安排過我的工作。這一次他是透過管道辛苦爭取到的，我只得勉為其難，答應前去了，畢竟是為政府做點國民外交的工作啊！

抵達紐約當天，處長王曉祥請我在第五街的憶湘園Hunan吃午餐，這間號稱服務生皆是大學畢業生的中國餐館，果然不同凡響，菜的色香味均屬上乘，服務親切。辦事處已安排了金山超市的老闆黃希隆先生，提供一切材料用具，來協助我的演出。

臨時搭篷，手忙腳亂示範好菜

第一天是上九號頻道的著名女星瓊芳登（Joan Fontaine）的節目，她在早一年還應邀來台參加過金馬獎的頒獎典禮，對我們十分客氣（安琪陪我一起上節目）。

限於電視台的規定不能用火，只提供了一具熱力極差的小電磁爐，如此我原先準備示範的松鼠黃魚派不上用場，只好在一只小鍋煮個Sauce（什錦糖醋汁）澆上算數，而八寶飯也只能臨時以說明交代過程，最後淋上桂花糖汁結束。沒機會表現我的拿手刀工，實在十分遺憾。

第二天安排上ABC頻道的Talk Show，這一次更因陋就簡，只允許用我帶去的食譜彩色照片做說明和介紹，很難表現出中菜色香味的精髓，但是我一直強調，要吃精緻美食必須到台灣來。這也算達到新聞局讓我到各地展示廚藝、宣揚吃的文

應邀去國外宣慰僑胞，
和上電視表演一樣都屬於比較辛苦的示範教學工作，
因為臨時搭建湊合的設備及用具都不順手，材料也不盡理想。

化最終目的了吧！

北上波士頓是紐約表演後的一站，我由台灣帶來的瓦斯爐，居然被禁止使用，因為安全人員怕爐嘴瓦斯太大，易引起火災，於是我們只好改用美國家庭用的櫃型三口電爐來操作。電爐微弱的火，使得性急的我非常心焦，又無從發揮高度的技巧。來上課的中外學員問東問西，我一下用國語，一下用英語解說，自然就拖長了授課時間，這一堂課上得好辛苦。

外貿協會於一九八八年在夏威夷主辦商品展，邀我同去，在館內表演廚藝，十坪大的場地搭起一間臨時廚房，我又將食譜中的彩色照片貼了上百張做為背景，我帶了在我烹飪班服務的孫碧琪同去擔任助手。到達的第二天，便將一週所需的食材全部買齊，每天

在夏威夷台灣外貿協會主辦之商展中示範創新中國菜。

上午教授一堂課，示範三道菜。

為了避免上課時的忙碌與不便，我們在事先的準備上花很多時間，除材料洗淨裝妥，按主料、配料分別，又將切割生熟料的菜板分開，完成品的器皿先清潔好，聞名而來參加的華僑，有新僑和不懂國語的老僑，滿滿的八十個位子無一空著，除了我做菜之外，還有一位周師父表演蔬果雕刻搭配。

一連五天，在上午授課外，下午就可以到聞名的威基基(Waikiki)海灘戲水，這一週可以說過得其樂融融。

雖然國外的烹飪表演辛苦，但回憶起來仍然十分甜蜜，尤其得到觀眾的掌聲、肯定及尊敬，更覺得一切苦都是十分值得的！

工作之餘，來一趟海上遊覽，觀賞夏威夷落日景色。

無論到那一國，我最希望能將表演場地設在大飯店中，不但場面寬敞，設備完善，通風良好（我最怕熱），最重要是，飯店廚房的器皿應有盡有，不至於臨時抓瞎。

咕咾肉

酸酸甜甜的咕咾肉，在國外稱得上是最受歡迎的中國菜之一。尤其在美國，每一家中國餐館都有「甜酸肉」（Sweet and Sour Pork），甚至因此延伸到雞肉、牛肉或其他海鮮上。咕咾肉也因此成為傅培梅赴國外表演時，人氣不墜的叫座菜餚。

材料

豬肉（大排骨肉）450公克
青椒 2個
酸果（即廣東泡菜）1杯（或用4片鳳梨代替）
太白粉 1／2杯

醃肉料

淡色醬油 1／2大匙
太白粉 1大匙
蛋黃 1個
水 1大匙

綜合調味料

白醋 3大匙
糖 4大匙
水 5大匙
番茄醬 4大匙
鹽 1／4茶匙
太白粉 2茶匙
麻油 1／2茶匙

做法

1 豬肉用刀背敲鬆，再切成一寸四方之小塊。在碗內先將醃肉料拌勻，再放進肉塊調拌，醃三十分鐘以上。

2 青椒剖開去籽後，切成一寸四方塊（或小滾刀塊也可）。如用鳳梨代替酸果時，鳳梨也切成小塊（一片切做六小塊為宜）。

3 用一只小碗，將綜合調味料調妥備用。

4 在鍋內將油燒熱，然後投入已沾裹過乾太白粉之豬肉塊，用大火炸上兩分多鐘，全部撈出，重將油燒至滾熱，然後再投入肉塊續炸三十秒鐘。

5 另用兩大匙油大火炒青椒與酸果（鳳梨塊），約炒數秒鐘即倒下綜合調味料煮滾，隨後將火熄去，放下肉塊拌合一下，馬上裝盤送席。

酸果的做法

將白蘿蔔、胡蘿蔔及小黃瓜，切成菱角小塊後用鹽拌醃約六小時，擠乾鹽水再放入糖醋汁中（糖、白醋及冷開水各一杯調勻）浸泡六小時之後，便可取食。

大師的經驗

這道菜展現的是炸功，油鍋要燒得很熱，再把事先醃好的豬大排骨切成的肉塊，一一裹粉下鍋油炸，炸至外表酥脆。迷人的味道是由俗稱酸果的廣東泡菜（即酸果）的古老滷汁來調製的，因此得名為「古滷肉」。沿傳至今，有稱之為「咕嚕肉」，也有稱為「咕咾肉」，主要都是依廣東發音變化而成的。而酸果就用來做為配料，特別爽口。

酸果製作非常簡單，糖醋汁可循環使用成為古滷，做本菜時可用一杯滷汁代替白醋、糖及水的分量。

飛天遁地顧問緣

喜歡學習的傅培梅，總是盡可能多方面吸收有關料理的種種常識，國內外各大食品公司、航空公司也相中她的豐富經驗，競相聘約，忙碌的顧問生涯於焉開始……

Chapter.14

華航飛機餐，傳培梅調和鼎鼐

我的報酬是象徵性的一元美金，
並贈送一年兩張直達美西的頭等機票。
由於從未到過美國，內心充滿憧憬：
「行萬里路，勝讀萬卷書」。

很多年來，「飛機餐」一直為人詬病，即使頭等艙，也不過酒水稍微高級一點，水果點心道數多一點，餐點仍然不怎麼可口。搭乘飛機，長程遠行，若能為乘客供應上好美食，一定能招徠更多生意。

一九七三年初夏，中華航空公司的航運處人員，來到我位於台北市忠孝東路三段頂好大廈的烹飪班，想請我為華航國際線做機上餐點顧問，那時候尚未開放觀光，中美航線多半是商務往返，或政府官員洽公所搭乘，班次極少，客人也不多。

飛機上的餐點分熱食與冷菜，另外要有甜點與水果。其中熱食以肉類、海鮮類為主料，為了顧及食用方便，我建議不要用大塊的牛排或雞排，因為客人切割起來太費力，活動式的小餐桌又承受不住過大壓力，易損壞。因此將主料盡量先切割成方便叉取的形狀，雖然搭配中有蔬菜（涼拌菜或西式沙拉），但考慮配色的需要，我不忘加些有色的菜料到主菜中。

華航當時盛裝熱食的烤盤長度只有十五公分，寬也不過九公分，如留出主食（米飯或麵條）的部位，則所餘容量不多，還要考慮到空服員在加熱過程中如時間過長，主料會呈現乾硬現象，故將汁液部分多加三分之一作為備份。

我設計出五種主要材料（雞、豬、牛、魚、蝦），再選紅燒或紅燴，或煎後淋汁（溜）等不同的做法，切割的大小形狀也由塊狀、條狀、片

（左圖）華航夏威夷空廚HOST的主廚是洛桑學院出身的德國人。
（右圖）華航董事長與數位高級主管來試吃設計完成的三中美線飛機餐。

狀到切絲，都一一試做過。至於中式冷菜則以涼拌三絲或三丁之類，用全素料或加一種葷料，進餐時才淋上甜酸汁或芥末口味。另外，芝麻醬香味的醬汁，也個別試做過多種。

顧問報酬：一元美金＋兩張美西頭等機票

我為華航設計了三套全餐，八月二十五日，由總經理周一塵、業務經理王融、財務經理、運務處長等高級人員數人一起前來品嚐，經過檢討後定案，聘我為顧問。不久國內大報刊登出「華航供應道地中國菜，調和鼎鼐有勞傅培梅」的消息。

我的報酬是象徵性的一元美金，並贈送一年兩張直達美西的頭等機票。由於從未到過美國，內心充滿憧憬：「行萬里路，勝讀萬卷書」，我有此機會達成願望一睹美國風采，實在萬分興奮。

十一月十四日，由作業組王義桓經理陪同，帶著大

顧問報酬是象徵式的每年美金一元（當時一美元可換三十八元台幣）。

女兒安琪搭上下午的華航班機，先赴第一站舊金山，頭等艙只有兩位客人，我與女兒坐第三排，座位很寬，但也一夜未闔眼，鼻孔乾，眼睛澀，第一次長途飛行十分難受。

到達後，我們先去公司，拜會了華航的馬副總及佘經理、鐘副理。翌晨我特意到對街的HYATT Hotel中，見識一下正統西式自助早餐，分別有沙拉吧、水果吧、熱食檯、主食檯，還有自動按鈕多重選擇的飲料機。在當時，國內什麼也沒有的情況下，在在都有著新鮮感。細心又紳士的佘經理接我們去參觀超市及中國城，看些當地的食材。

舊金山的空廚是HOST公司負責各國飛機的餐點製備。廚房設備寬大新穎，主廚是瑞士洛桑餐飲學院出身，高頭大馬，我教他做滾筒肉捲，他因手指太粗，捲得肉捲像隻大春捲，另外也示範了以菠菜為材料的翡翠炒飯。但後來我在機上吃到的居然用的是大白菜炒的，顏色一點也不「翡翠」。

機上的餐點都是由飛機起降的當地空廚供應，上機後放入烤箱中加熱，用餐時間推出供應，但有時送到乘客手中總有一些熱過頭的，或是不夠熱的（現代化的加熱設備已經改善許多）。看到我設計的食譜做的不是材料不對，就是調味不地道，令我啼笑皆非。

很多年來，「飛機餐」一直為人詬病，即使頭等艙，
也不過酒水稍微高級一點，水果點心道數多一點，餐點仍然不怎麼可口。
搭乘飛機，長程遠行，若能為乘客供應上好美食，一定能招徠更多生意。

巡迴指導飛機餐

十一月十七日到了四季如夏的檀香山，熱帶的景觀、豔麗的花朵，男男女女皮膚黝黑，與本土大異其趣。這裡的中國城十分簡陋，沒一間像樣的店。最奇怪的是，此地的雞烹飪時上不了色，我設計的油淋雞腿，泡過醬油之後，怎麼炸都是白蒼蒼的，靈機一動就改用五香醬油滷，煮後再去炸，居然成功了。

第三站是東京，羽田機場的空廚是我最喜歡的，雖然設備、房舍都比不上舊金山的Host和夏威夷的Marriot公司，但工作人員的團隊精神及尊敬專業的態度，令我工作起來精神愉快，主廚藤原的領導能力功不可沒。

在東京適逢早年跟我學菜的九龍飯店老闆，小野先生兒子的結婚典禮。席設東京五星級的New Otani飯店，典禮採取古日式神壇前舉行，極為肅穆莊嚴，而宴客時的場面又豪華隆重。

第二年我又設計了三套不同風味的飛機餐，擇期出發作巡迴指導，這次公司派遣新的工作組經理班增翔陪我前去，每地三天，所不同的是，將順序顛倒，我們由羽田空廚展開了第一站工作。

由於我有自律神經失調的老毛病，飛來飛去因時差的關係，常常犯病，搞得身心俱疲，三年後主動不再與華航續約了。

由烹飪教學走入食品工業

在Yamamoli的工作，每次一週，反覆試製試食，設定許多不同條件去反覆測試，不但頭腦有時會錯亂，舌尖也試得麻木。

我個性樂觀、喜歡學習，尤其對飲食方面的知識，總是盡可能去多方面吸收，並特別注意其發展與趨勢。大約是我在日本主持了電視節目的第二年，經由高雄中央冷凍公司老闆廖添德先生的介紹，我為日本關西地區有名的食品會社Yamamoli擔任中華調理食品的顧問。

Yamamoli在當時擁有遠東最大的高溫殺菌軟袋食品（Rotort Pouch）設備和製作過程。我的工作是為他們已上市，但失敗了的四種中華料理改善口味、外觀及品質。我一向喜歡創新，研究獨特風味的菜餚，實在不願為那已不受消費者歡迎

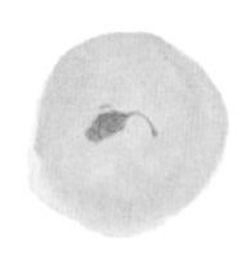

的商品，做改頭換面的事，當時我抱著接觸大公司，可廣增見識的想法，同時我為電視節目每三個月得去日本一次，能順便多賺一些錢，何樂不為？就訂下每三個月去工作一週的合約，Yamamoli會社的所在地在松阪市，是以頂級牛肉聞名的小鎮，那時候沒有像樣的飯店。只好住宿唯一的商務旅館，房間只有四疊半大，公用的浴室、廁所都在走廊盡頭，對於冬天每夜要起床三、五次的我，實感太不方便。

公司的研究室小得可憐，一張辦公桌要對面坐兩人，冷氣空調也沒有，一台舊式的殺菌釜放在室內中央，散發出的蒸汽和時而驚響的笛聲，叫人無法安心做事，上下班都要廠長野見山先生接送我，偶爾他有「殘夜」（加班），我就得等候，那地方叫不到計

在日本Yamamoli會社擔任顧問時，從工作環境中學到許多食品工業方面的新知識。

程車，而老闆三林先生又是出了名的勤儉興家，自己出差都是搭早班車去，晚班歸，省下住宿費的人。

不過他也有大方的時候——前後曾請我吃過三次「和田金」的壽喜燒（牛肉火鍋），「和田金」是日本用最好牛肉的餐廳，天皇也曾來品嚐過，據說有些地方的日本老人，一生最大的願望就是能去吃一次「和田金」。松阪牛肉除了滑嫩外，有一股特殊的肉香，吃完齒頰留香。

全自動食品裝填大開眼界

在Yamamoli的工作，每次一週，反覆試製試食，裝袋之前和之後會相差許多，色澤褪去，彈性消失，黏稠度減少，葉綠素破壞殆盡，變黃、變黑。因為是室溫保存，日久氣味也起變化，設定許多不同條件去反覆測試，不但頭腦有時會錯亂，舌尖也試得麻木。

每天午餐時間，從研究室到員工餐廳，會經過隔著玻璃的走廊，可看到全自動的生產線現場，我每天經過都會多窺一下，想多了解那些製作過程。

當時日本有名的食品公司，如雪印會社、味之素、Kunoru等都租用這家的全自

我個性樂觀、喜歡學習，尤其對飲食方面的知識，
總是盡可能去多方面吸收，並特別注意其發展與趨勢。

動調理機，生產自己品牌的商品（即現在的代工）。廠房寬大而高，共裝有六條長龍型一貫作業的生產機，作業流暢而快速，效率性能極佳，整潔衛生，空調開得很低。

生產線上，從調理釜抽引出來的食物直接流通到管內，再自動計量充填入袋，那袋子也全自動由吸夾吸起，撐開，對準管口讓濃稠的食物落入並封口，動作之規律準確，令人嘆為觀止。這些食品自動生產設備，現在當然不稀奇，在當年，我可是第一次見識到。

我為Yamamoli會社用傳統方法做出條件極好的料理（包括色香味及黏稠度），但在裝袋入殺菌釜，經過殺菌後倒出來時，完全不是原來的樣子，勾芡的澱粉已還原成稀汁，減低了一大半的稠度，為此，我一再的增量或變換不同澱粉去做試驗，希望能夠改善。

原來這種困擾，在當時的台灣以及美國的食品加工研究單位也都碰上，同樣得不到答案，因此也才衍生後來那一場「化學變化對加工食品品質之影響研討會」（民國七十三年八月六日在台大食品科技館舉行）。由行政院國科會和美方的在台協會共同主辦，我應邀參加研討，並在前一天讓代表們前來觀看我的示範，讓他們瞭解澱粉在菜餚中的變化情形。

「滿漢大餐」問世！

一九八〇年十月，滿漢大餐珍味牛肉麵等三款口味上市，風靡了速食麵市場，尤其珍味牛肉麵搶購風不斷，統一公司還在外包裝袋上印了我的照片。

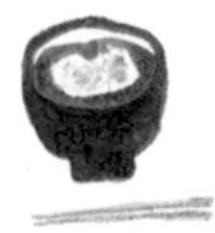

記得有一次與前經濟部長李國鼎先生在一次午宴上共餐，我提起自己一九七四年到日本深造，看到當時風行的軟袋調理食品，食物裝在鋁箔袋中，只要在熱水中浸泡過，倒出來就可以食用，簡單方便。我說，如果能把好吃但費時的中國菜也如法炮製，就可以省掉家庭主婦備餐的麻煩。

李國鼎先生建議我，不妨找統一等大食品公司試試有無合作機會，我當時未將此事放在心上。三年後，一九八二年年底有一天，統一公司當時負責研究課的李華陽科長，來台北找我，表達公司想聘我為調理食品顧問，開發一些新的食品。

我在當時不僅擅長烹調的實技，對於食品工業化、如何包裝、高溫殺菌的過程也有瞭解，而統一公司將要開發的，正是這方面的商品。也因此打開我進入食品工業化研究的新局面。

我每個月安排兩天，到台南永康鄉的工廠工作，那時位於三樓的研究室很小，而且多種食品都在這裡分頭做研究。八坪大的室內，放有大型烤箱、發酵箱、爐具、大小冰箱、香料櫃、度量衡器具、大小攪拌機及包裝器材，中央放著一張長形工作檯，活動空間不大，多種氣味混雜，工作起來燥熱而氣悶。

開始頭半年，都是做各種口味的泡麵調味包，確定了實際的材料分量，

統一公司的研發夥伴都是科班出身，共事時默契十足。

做來較得心應手，前後一共試做過二十餘種。研究完成定案後，就開始了中國名菜及甜湯、粥類、醬料類等的軟袋包裝食品。

一改再改，務求盡善盡美

所謂的軟袋食品Rotort Pouch與一般作業或冷凍加工不同，除了部分食材會產生顏色的變化，最難處理的是產品「糊化」情形的不穩定，勾芡時應視食物的鹽分與酸鹼度之不同，而選用經過不同處理的所謂化工澱粉來拌入。它要耐高溫、PH值在5-6，一次次的實驗頗費周章。

定味後再包裝殺菌，按重量、體積定其殺菌之溫度與時間，經過冷卻過程完成後，由我們研究人員再度啟封，檢視食品色香味的變化，再一次次的修正、改進，往往不下十數次，務求產品在盡善盡美的狀態下，到達消費者手中。

由於當月的研究題目並非事先知道，而是我到工作現場，才由課長宣佈，我每次抱著挑戰的心情前往，遇到不常做的主題，手邊又沒有參考資料時，往往得絞盡腦汁去創造，以往我寫食譜時，調味料都是用量匙計算分量，到了研究室改用公克為單位，以方便大批量產時倍乘，第一次試做少量，但分量量得要十分精準，我當時迅速的寫出名稱、配方及所需之材料後，助理們便立即出發，去市場

我每次抱著挑戰的心情前往，遇到不常做的主題，
手邊又沒有參考資料時，往往得絞盡腦汁去創造。

採購以便實地操作來研發新產品。

有一次研究的題目是「廣東粥」，據說是林總赴港時吃過的，於是有此構想而交代研發。我先憑記憶，把粥底的熬法寫出兩種，再設計出八種不同的粥品，包括了較著名的牛肉粥、皮蛋瘦肉粥、雞球粥等等，為了克服材料變色，和殺菌包裝保存後的味道及口感的變化，我們將各種粥，分成不同分量及不同殺菌條件與時間去測試，有些太類似的內容，和極接近的條件處理下完成的粥品，需要用敏銳的味蕾去分辨，品出那微妙的差異。

滿漢大餐珍味牛肉麵上市，風靡市場

速食麵的調理包製作時，我們反反覆覆的試了好幾個月，從主料的選擇、取用的部位（像牛肉必須用牛腱，筋多重膠質又耐煮，還可連結瘦肉不易散掉，且有咀嚼感、韌性強）、配料之割切大小、到辛香料的種類多寡，烹調時下料的先後順序，我一步也不肯馬虎，完成品的色味最重要，不能用肉眼決定，要很準確的用數字記錄下來，其口感及外觀則靠參加品評會的全員之問卷為參考。

品評當天，上至各課主管到現場助理員工，都來到暗房中，試食給分，再在光亮處觀看，商品的色澤及外觀，將感受紀錄到品評單上。這一天我們研發部門的

> 我們將各種粥，分成不同分量及不同殺菌條件與時間去測試，
> 有些太類似的內容，需要用敏銳的味蕾去分辨，
> 品出微妙的差異。

人員，像面臨大審般，隨時得答覆他們所提的有關問題和接受批評，自六種產品中選出問卷中得分最高的頭三種，再經過一次次的改良修正，到零缺點，全體滿意了才能出品。

眾所周知速食麵分為四部分，除乾麵塊之優劣外，最重要的是那調理包（又叫肉料包），至於味道的好壞，還得靠所附的粉包及油包幫助，粉包內之調味品係按300cc液體（熱水分量）為標準，各種粉狀材料都是以零點零幾克之微量計，要配合得口味相當順口，顏色鮮豔引人，確是一門學問。我們借重適量的KS-W或KD-W與RM-16等的配合達到完美。

統一公司推出調理包速食麵的初期，因產品銷售量沒把握，而不敢進口全自動機器，

為了證明是我研發調製的牛肉麵，統一滿漢大餐在包裝上印上我的照片為證。

都是以人工在大鍋中按三百份（包）為一次量來烹煮，再以人工來分別包裝的。（當時定名為「滿漢大餐」麵系列）

一九八〇年十月，滿漢大餐珍味牛肉麵等三款口味上市，風靡了速食麵市場，尤其珍味牛肉麵搶購風不斷，在供不應求，時常斷貨的情形下，公司急忙向日本訂購了全自動填充包裝機器（與Yamamoli會社相同類型的），以供市場所需，統一公司還在外包裝袋上印了我的照片，證明是由我親自指導開發的。

在統一公司六年漫長的時間裡，研究過許多種的食品，也開發成功幾種商品，但除速食麵滿漢大餐系列之外，到我解約離開，其他種類產品並未見上市，記得就此事詢問過一位業務部門的主管，他說，一般基於生意點的考量，哪一家公司都不願搶先公開研發出來的新品種，去做「開路先鋒」。

因為一種新的食品上市需要花很龐大的廣告費去教育消費者，將產品植入購買者的印象中，花大錢誰家都不願意的。速簡食品目前在台灣市場猶如「間諜戰」，各個商家各擁山頭，祕密開發中的東西，大家其實都有情報，卻處心積慮的等對方先曝光，好坐收漁翁之利。

果然，我們早已成功的那些甜湯系列和調理菜，都等在別家上市後才跟著推出來，這與事事愛跑在前頭的我，作風的確大不相同啊！

把中國料理的美味「包」起來

為了明白製作流程，我用製表方式寫材料之處理及順序，標明中途何時混合拌人，經加熱若干秒或若干分鐘。這種工業化的食品製造，比家庭煮菜複雜許多。

中國人對食品保存的方法，已隨時代之進步有著明顯的改變，從原始古老的風乾、煙薰、鹽漬、油泡、醬醃等等之方法，演變為加熱、煮沸或冷凍去貯存。到了近代，又發明了用金屬罐或玻璃瓶經高溫殺菌後，延長保存時間。在二十世紀後期，又開發熱食類食品，我們開始用軟性的鋁箔袋去替代罐裝食品。又在家家有冰箱的情形下，廠家推出了冷凍調理食品，與鋁箔袋一樣只要熱水中煮片刻，即可倒出來享受，色香味絲毫不會減退。

在此同時市面上也有了真空包裝食物，有的不必加熱開封即可食用，但最新的調理食品是袋裝的充氮氣的製品，它不會有鋁箔袋食物那樣口感差、材料顏色減退等缺點。回憶這二十多年來，以上種種食品工業化的工作，我都親自參與過研

究和開發，深諳其中某些做法，難免有一些無法克服的困難、死角，任何事有利即有弊，面面俱到、完全利多是不太可能。

到奇美冷凍食品公司去工作，事實上是我為了烹飪輸往日本Ring Hut的調理菜餚，來租用奇美的設備而已。我為日本Ring Hut做開發顧問已十年，他們當時一百八十家連鎖麵店的主商品「什錦湯麵」，用的材料如豬肉、木耳、豌豆莢等，大部分都是從台灣進口的。因此我想到在台灣由我指導調理好、急速冷凍後，輸出到日本，可方便各店使用。

為此我每月南下在奇美公司，現場指導調理工作，為了能使成品具有香氣，我還是像統一的牛肉麵一樣，堅持做「爆鍋」（台語叫「芡香」）的過程，這裡採土法煉鋼的方式，也就是過去傳統中國烹調做法，在大鍋內將油燒熱，放下切碎的蔥、薑爆香，再落豬肉片，炒到油出，肉片捲起，淋下酒烹香，陸續放下調味品及湯與配料。當一切按預先算妥之分量（公克）加入，在烹煮完成時，其口味與色澤會每一鍋皆相同，不必試食也不必擔心。

但是這種爆香過程，在做辛辣口味的菜餚（如魚香醬）時，因需先爆炒辣豆瓣醬及紅辣椒末，油氣變得嗆喉嚨，無法呼吸，對於患有支氣管毛病的我，實在是一件苦差事，但每次我必須以身作則，先親自示範教授，換作業員烹煮時，我也在旁監督，並且計時，隨時加以指導。

急速冷凍留住色香味

為了明白製作流程，我用製表方式寫材料之處理及順序，每一種材料個別起行，標明中途何時混合拌入，經加熱若干秒或若干分鐘。調味品又分液體、粉狀，完成品要算出預留分量，這種工業化的食品製造，比家庭煮菜複雜許多，待煮好的材料涼後，灌入模型中（八碗份裝一盒）馬上推去冷凍，由於瞬間的急速冷凍，食品中心溫度降至攝氏零下十八度以下，而色香味都完全保留住。

一九九〇年，日本最老牌的味之素食品公司，要在台灣發展冷凍調理食品市場，原先他們帶來在日本很受歡迎的一些裹粉類油炸物和西式炒飯，找我為其擔任顧問是要開發中華料理的冷凍生產。

事實上冷凍料理，解凍加熱食品食用時，除了色香味完全不變外，最可貴的是材料的口感、咬感、彈性依舊存在，與現做現吃毫無差別，這特點我早在奇美冷凍公司工作時即已發現。

我與「味之素」總經理大石先生簽好約後不久，我就在烹飪教室裡為他們試做十五道調味複雜、烹煮費時的中國名菜，主材料除豬肉、牛肉還有魚蝦等，口味

中國人對食品保存的方法，已隨時代之進步有著明顯的改變，從原始古老的風乾、煙薰、鹽漬、油泡、醬醃等等之方法，演變為加熱、煮沸或冷凍去貯存。

也各具特色，經過公司多位主管試吃開會檢討，決定先上市四種，分別是魚香肉絲、咕咾肉、辣子雞丁與紅燒牛肉。

味之素的工廠在嘉義，與原本的同興公司是合夥性質，那工廠設備老舊，燒煮用的鍋釜，是NS橫型捏和機，一次三百五十份的分量同煮，設好時間、按電鈕，所有的材料（包括已Treatment過的）、調味料，根據我寫出的先後和時間，加入混合即可，但最困難的，仍舊是最後用澱粉勾芡的一關，因攪拌葉在鍋中的移動太慢，淋下的粉漿易凝結成塊，為此我常站在高腳凳上，注視鍋中變化情形，並時加撥弄。

充填時，採用當時最新式TVP-E3型全自動的機器，很方便，但咕咾肉與牛肉不同，肉的塊狀較大，必須由作業員在機器上站著，等袋口打開時，快速的定量投進，再去充填糊料。在這裡使用隧道式連續凍結裝製，使每包食品急速冷卻結凍，運送過程也必須維持在低溫，確保其品質，通常採用強制對流式的冷藏庫，運輸到各個超市的冷凍設備中。

或許是國人對「冷凍」食物有先入為主的成見，無法接受或宣傳還不足，使調理中國菜的特色、好處均被忽視，加上公司進貨規格管理欠缺，以致產品水準時好時壞，因此從第三年就有走下坡的趨勢，而公司則改由生產日式水餃反銷日本為主要業務了。

一九九六年，在世貿的食品展中，我看到立大公司的幾種調理食品，以菇類和筍子為組合，像日本的松惣菜（外賣菜），試吃後曾建議如何改良其外觀及色味等，未料半年後公司派工廠研究課長前來，商談可否長期擔任研發部指導（作調理食品），並告知我，他們擁有台灣唯一的充氮設備，將來的食品用充氮包裝上市，我聽後又激起學新技術、走向食品界前端的意念，就答應擔任他們的顧問。

立大公司此時已被口蹄疫打擊得很慘，偌大的工廠已有大半部門休工，即使在做的，生產量已大打折扣，在第一次到工廠的歡迎會上，我期許全力以赴，盡其所能地教他們。首先做的就是利用那些幾乎是廢物的雞腳，胗、肝、豬尾等部位，滷煮成零嘴，又針對著當地產量過多的牛蒡開發出美味可口的調理食品，當然用該公司的主產品：雞、豬，也利用來試製新口味商品。可惜這份顧問約半年多後因為肝癌開刀，不得不解約辭職。

在奇美工作時仍採用土法煉鋼的烹飪法，為了標準化必須一再測試，定出食譜的標準分量。

寓工作於旅行，領略四季之美

麻煩的是他們事先並不告知我想學什麼？都是等我到了之後，才提出想要研究的東西是什麼？真像考試一樣，幸好我還算經驗老到，從未被考倒過。

我的顧問工作從國內伸展到國外，最多的時期是從一九八七年開始。除了原本就擔任指導與開發顧問的兩家公司「知味齋」與「Ring Hut」外，一下子又增加了四個餐廳，所在地分別是位於宇都宮市的「雅秀殿」、濱松的「五味八珍」、名古屋的「香港飯店」，以及四國松山市的「助六飯店」。這四家餐廳的社長，彼此都是餐飲公會的朋友們，他們在一次大會中與我相識。聽過我的演講後，當場就商議聘請我擔任料理顧問。

奔走四家相距頗遠的公司（餐館），花費在路途上的時間很久，有時乘新幹線，有時又得搭國內班機，每次都把各地的工作日期前後各空出一天作為交通之

現場操作已採機械代工減少人力。

用。日本新幹線班次頻繁，按時間表預先排定，再通知對方去車站迎接，送往下榻之飯店，當晚我習慣上會外出看看超市，熟悉一下當地的食材及規格，以便教導時易於溝通。這四家的研究人員素質較差，專業知識不足，尤其四國的「助六」，地處小鎮，見識不多，教導起來十分費力。但日本人，對為師者的尊敬卻是一流的，總是言聽計從，接待方面也是無微不至，使我雖苦猶甘仍然樂於前往。

我每三個月得去每一家工作兩天，麻煩的是他們事先並不告知我想學什麼？都是等我到了之後，才提出想要研究的東西是什麼？想知道某某東西怎麼做？真像考試一樣，幸好我還算經驗老到，從未被考倒過。可見任何行業要想做得好，都要有紮實的理論基礎及實際經驗，才經得起考驗。

日本人對為師者的尊敬卻是一流的，總是言聽計從，
接待方面也是無微不至，使我雖苦猶甘仍然樂於前往。

在日本除這些家定期的做指導或顧問的工作之外，我也接受過學術性演說的邀請，談論中國飲食文化或菜系、宴席禮儀等，也做過講習會講師或實際示範菜點之演出。

赴日工作的月份，我與對方洽定時，盡量安排在有楓紅可觀賞的十月，櫻花盛開的四月份，以及能遇到瑞雪下降的一月中旬後，夏季則多在梅雨「已上」（日語，「完了」之意）的六月底、七月初，我讓自己趁工作之餘感受一下四季之美，看看大自然分明的變化。

日本四家餐廳社長同時與我簽訂顧問合約。

一團混亂的印尼速食麵顧問經驗

這裡的醬油黑濃而死甜，
怎樣也調不出台灣醬油般的色調和香氣，
爐火未開已熱得我汗珠頻頻滴落⋯

一九九二年八月，我參加了在北京召開的首屆「中國飲食文化國際研討會」，這是學術兼招商式的會議，主辦當局邀請了世界各國從事飲食行業及食品工業的中國人士齊聚北京，在會場裡見到了印尼僑領林有良的印福食品公司負責人Hendy Rusli和經理曾竹雄，他二人說正想要回程彎去台北找我，因為他們想開發實料多的速食麵，得借用我的專長。

「雅加達」對我來說是一個陌生卻神秘的地方，我於當年年底前往他們的公司考察之後，答應為其擔任顧問工作。合約上載明三個月一次，每次兩個工作天，我在那裡常常要在下班之後寫報告和研究結果，一切溝通交流都要用英文，許多做助手的女孩，對材料、佐料的專有名詞搞不清，需要我不斷從旁指點解釋，相

當費時間。最令我難過的是，研究室的衛生條件太差，切好、醃好的材料放在檯上，不到五分鐘，便聚滿了黑壓壓一片蒼蠅。

這裡的醬油黑濃而死甜，怎樣也調不出台灣醬油般的色調和香氣，爐火未開已熱得我汗珠頻頻滴落，幸好試驗場地不必加工製造，可以不必戴上罩耳式的白網帽，但所穿的白色工作服，布料厚而硬，實在不舒服到極點。

印尼生活水平較低，貧富相差懸殊，每天兩餐都以速食麵果腹者很多（一包麵賣新台幣四元）。為了分擔我的顧問費，印福公司四個不同部門都要我去教導，兩天裡分上下午各半天，往三個地方跑（工廠離得很遠），有香料廠，調配泡麵的粉料包廠，有高級麵調理包廠（如紅燒牛肉、炸醬之類），還有在研究醬汁類的廠房（做出的醬料可以用於炒飯、炒麵），最後是杯湯的乾料混合部門，往往午飯都還沒有吃飽，就得搭車趕去另一部門。我一直覺得自己是個頭腦清楚，很快就能進入狀況的人，在此卻不免有搞亂手邊食譜的時候，因為工作真是太繁雜了。

在這裡不像日本公司，有專人（車）負責迎送或上下班接送，常常都是臨時找個有便車的人把我載回旅館。有一次我晚上八點半已抵達雅加達機場，卻不見人來接，在那個昏暗的機場裡，足足等了三小時，既受騷擾又提心吊膽。合約未滿三年，我便藉故辭職不做。

顧問工作的意外收穫，錢從天降

豐富的顧問經驗，打開了我的視野和知名度，我生平難得一次不勞而獲的經驗，說來也可以算工作之外的意外收穫。

一九九二年年底，一位在台北經商的日本公司利根川社長，來電話問我介不介意讓他在炒菜鍋上打上「傅培梅」三個字，他很誠懇地說：「我當然會付給妳權利金。」

隔天，我走訪這位社長設在敦化南路的公司，詳談下才知道這是一家日本有名的公司「遠藤製作所」，專門生產不銹鋼製品，想為他們子公司EPON會社生產的中華料理鍋子系列，做推廣促銷。經過海外專員們的調查結果，發現用我的名字出品最有廣告效果。於是我在六月底，應邀去了日本位在新瀉縣燕市的遠藤製作所，實地參觀並看過他們生產的鍋子品質，並了解功能之後，便與代表取締役（總經理）遠藤榮松先生簽了契約，他們將每年給付我姓名及肖像權利金。

如果你是細心一點的電視觀眾，經常收看我的節目「傅培梅時間」，或許就會看到有兩年多的時間，我都用著一種把柄是金色，上面打鑄有紅色「傅培梅」三個字的中國炒菜鍋，有雙把的，也有單柄的。

烹飪教學工作雖然辛苦，料理顧問之職固然勞心勞力，但誰說有時候「錢不會從天上掉下來」呢?!

最令我難過的是，研究室的衛生條件太差，切好、醃好的材料放在檯上，不到五分鐘，便聚滿了黑壓壓一片蒼蠅。

大師經典食譜

紅燒牛肉

牛肉麵的關鍵在紅燒牛肉，傅培梅綜合了上海和傳統川味紅燒做法，
嚴選台灣牛的腱子和肋條部位來燒，
無論愛吃筋的咬勁還是紅燒牛肉的香腴，都可以得到滿足。

材料

牛肋條和腱子肉　2公斤
牛大骨　4－5塊
大蒜　5粒
蔥　5支
薑　5大片
八角　2粒
花椒　1大匙
紅辣椒　2支

調味料

辣豆瓣醬　2大匙
紹興酒　3大匙
醬油　3／4杯
鹽　適量

做法

1　牛肉整塊和牛大骨一起在開水中川燙一分鐘，撈出，洗淨。再放入滾水中（水中可酌量加蔥二支、薑二片和八角一粒），煮約四十至五十分鐘。將肉撈出，大骨繼續再熬煮一小時。待牛肉涼了之後切成厚片或切塊。

2　另在炒鍋中燒熱兩大匙油，先爆香蔥段、薑片和大蒜粒，並加入花椒、八角同炒，再放下辣豆瓣醬煸炒一下，繼續加入酒和醬油，用一塊白紗布將大蒜等撈出包好。

3　將牛肉放入汁中略炒，加入大蒜和牛肉湯（湯要高出肉約五公分），再煮約一小時至肉已爛即可。

大師的經驗

要做出美味的紅燒牛肉，台灣牛燒出來的味道最好，適合拿來紅燒的部位有肋條、腱子、牛腩。肋條是帶著筋和油花的瘦肉，燉紅燒牛肉最好吃；腱子肉比較瘦，筋多肉味佳，它和肋條混合著紅燒，滋味最好。
牛肉最好整塊燒好再切塊，比一開始就切塊煮，要香得多，腱肉約煮一小時，肋條燒約一小時，牛腩則煮一個半小時，至肉六、七分爛拿出來待涼，再切成適量大小，這時候才開始炒香醬料，然後再將肉和醬料一起紅燒約一小時。

Chapter.15

為中華美食盡心盡力

投身烹飪教育工作四十多年，在示範教菜之餘，傅培梅也開始四處演講、評審的工作，完全印證了「烹而優則評，教而優則講」。

教而優則講

我的演講內容視對象而做修改，
對業餘的大專學生，多以深入淺出的方式來帶領他們入門，
對專業人士則需分門別類做專業且廣博的解說。

我的個性並不木訥，但卻不善辭令，更不是巧言善辯的人。或許是中國書念得太少，對漢字的發音又帶著山東腔調，常常令對方聽得莫名其妙。因此打從一開始教授烹飪，就以實際表演的操作見長，只要一拿起材料，鍋鏟或割或烹時，很自然就會滔滔不絕，說得頭頭是道。但手上一空，當下腦袋就會一片空白，愣在那裡不知講什麼是好。

在早先的十年裡，遇有學校或團體邀請演講，我都以各種理由推拒。一九七五年觀光局邀請我為導遊人員訓練班做專題演講時，我才抱著姑且一試的心情前

往。面對一百多名老中青男女學員，一上台就忘了開場白。愣了半天，目光也不知該望向何處，原本該先講的大綱也不記得，腦海中只想到菜系、特長、菜名英譯、日譯等，解說得有些雜亂無章。但一回生二回熟，下工夫去把重點寫好，熟了之後竟也應付自如，聲音更隨之宏亮起來。

我的演講內容視對象而做修改，對業餘的大專學生，多以深入淺出的方式來帶領他們入門，對專業人士則需分門別類做專業且廣博的解說。

日後許多場合，我情願做一場演講，也不願現場帶材料去烹調示範了。因為搭檯準備材料，再加上切割烹煮，在不熟悉的地方，實在是太辛苦了，加上觀眾多，還會因為品嚐的分配不均而招致抱怨，所以年輕時是愛做不愛講，年紀大了之後，反而願講不願做了。

俗語說：「做一行怨一行」，我常在去台視錄

（左圖）在日本為餐飲業者講授中國料理法。

（右圖）若不是專業者來聽講，以「漫談」為題，最能發揮。

（上圖）帶領台灣餐盒同業公會十八家經營者前往日本參觀訪問便當公司。

（下圖）一九九九年十一月，代表台灣參加在東京舉行的泛太平洋國際外食產業研討會（自右起為欣葉李鴻鈞、大成集團韓家寅、韓家宸、本人、韓家宇、三商行毛明宇、公會袁秘書長等人）。

影時，看到歌星們打扮得漂漂亮亮輕鬆上節目，而我卻要鍋碗瓢盆地大包小包前往，絞盡腦汁耗盡體力的示範，這樣的對比，的確曾讓我十分感慨，覺得自己這一行真是勞心勞力太辛苦，所以，對於媳婦和女兒為了幫我也進入同一行，我其實是十分心疼不忍的。

為了讓自己趕得上潮流，我總是想辦法多增加新的飲食知識，幾乎每年都會去參觀在日本舉辦的食品展、材料展、餐飲設備展等。一九九六年二月經過多次毛遂自薦，終於向日本聯絡成功，得以率領台灣餐盒同業公會的會員二十二家負責人，去日本參觀訪問，上午觀摩了一天可做三萬個高級便當的「三和」製造會社，歸途去參觀販售容器的商家「水野產業」。

他們為我們簡報發展史，也送給團員們想要的東西，令我十分感激，第二天上午還去見識了現煮菜餚的「今半會社」。我多年來一直對台灣便當（餐盒）內容及外觀缺少變化感到遺憾，在日本看到這麼多內容變化豐富的便當，大開眼界。同行的台灣盒餐業者更是深感此番參訪受益良多，也期許回台後能改良今後的餐盒品質。

一九九九年十一月，日本主辦泛太平洋國際外食產業研討會在東京舉行，我聯絡中華民國連鎖店協會祕書長後，由餐飲相關的公司中挑選出四家（七人）代

為了讓自己趕得上潮流，我總是想辦法多增加新的飲食知識，
幾乎每年都會去參觀在日本舉辦的食品展、材料展、餐飲設備展等。

表去參加大會，由大成長城公司副董事長韓家宇做主席代表，參與台上的演講報告。由於我們接到邀請函較遲，準備時間不足，發表的資料較其他美、加、星、澳、泰等國家為少，但韓代表站在台上侃侃而談，將我們目前的服務業上網情形和外食現狀簡報極詳，讓我感到與有榮焉（作家按：韓家宇之父親韓浩然先生，是我大連同鄉，早年他赤手空拳在台南鄉下騎腳踏車，售賣飼料為業，經過四十年的奮鬥，創下擁有多項龐大事業的大成長城集團，傲視寰宇，敬佩之餘當然也倍感光榮）。

大會最後的討論是二十一世紀外食的展望和產業動向，以及收益構造等，重要的是，以食材的安全性為主題，交換了各種情報。在大會上我認識了一些新朋友，也見到了十年前參加同一性質的大會時之老朋友（那一次台灣未被邀請為正式參加國，卻有中國及香港受邀）。

研討會期，日本Food Service Association還向我表示要捐贈二百萬日幣，給台灣九二一大地震賑災，盛情令人感動。閉幕典禮上由我代表處高參事代表上台領取。

證照制度的推行

我很早就認為，台灣應該走向技術人員專業化的證照制度，社會上所有的技術工作人員都得考證照，對其相關行業也要具備相當的知識。

中國自古以來，許多行業都有師承的制度存在著，尤其平劇界和廚師界的師徒制度更加嚴謹，學戲的有分派別和所扮角色，先劃分好，再入門專門學那一角。廚師也類同，很早就依其專長，指定學「灶上」（又叫燒菜的），或「墩子」上（切菜的），也有的學點心工夫（叫案上的）分得專精，但從學好到出師，找工作，還必須找另外的一工來搭配，也就是說，會「燒菜的」要配上一位會「切菜的」，大一點的餐廳又需要配上「做點心」的，共同組織一個班底（團隊），才好找到工作、就業，這樣既不實際，也不公平。反觀日本廚師，在調理士學校所學的切、煮、燒各種技術，畢業考試及格，保證他們有了獨當一面的本事，拿到了證書執照，到任何地方工作皆可以。

一九七三年的七月，我曾應邀參加川菜幫大廚吳少臣師傅的六十大壽暨拜師大

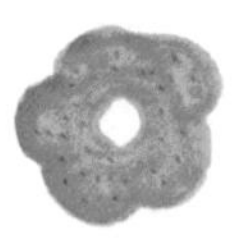

典，見到年輕的學徒一個個叩頭跪拜，並獻上紅封禮金。典禮遵奉古禮進行，案上擺齊了五牲四果及香爐紅燭，當拜師的二十多名學徒一齊下跪叩首，充分表現了中國人尊師重道美德，當時我很納悶在這二十世紀七〇年代裡，居然還有人肯給神明、祖先，父母以外的人下跪叩首，日後稱彼為師。更好奇這位大廚老師否會完全傳授本事給你？

據說以前廚房的小徒弟領不到薪水，頂多年節時給剃頭錢，而學徒從早忙到晚，廚房和師傅家裡的大小粗活兒都得做，師傅根本不正式教，或講烹飪理論與技藝，全靠自己去偷看偷學，心領神會，慢慢摸索約三年出師。這種廉價剝削勞動力的做法我十分反對。

我很早就認為，台灣應該走向技術人員專業化的證照制度，社會上所有的技術工作人員都得考證照，對其相關行業也要具備相當的知識，例如廚師，除了精通切割烹調外，對食材的屬性及使用、材料的儲存、

一九九九年十一月在北京，我與大成集團韓家宸總經理仔細研討糕點發酵情況。

營養衛生等的知識皆應具備才行。

經過餐飲界十年努力，內政部職業訓練局終於民國七十三年公告廚藝人員也納入職業證照制度化的行列，也就是有了技能檢定考試。我被遴選為命題委員，每週到職訓局開會，商討學科、術科的各項命題範圍。

同時職訓局宣佈，在每年所舉辦的全國技能競賽項目中，自七十四年（第十五屆比賽）起，增加了中餐烹調賽。為了慎重起見，我建議第一屆以表演方式舉行，讓主辦單位觀其可行性再做定奪。正式的比賽於下一年（第十六屆）開始，初賽選手再正式一同競賽。身為裁判長，我每年得提出初賽、決賽的題目，決賽又以年齡分為青年組與成人組（社會專業者）。

在北區比賽時，我可以早出晚歸擔任裁判工作，中、南部的比賽則必須住宿當地，三天的大賽期間，每日記掛家中瑣事，尤其對當時外子的病體頗不放心。從事這類工作並不是為了賺錢，但我有使命感，希望帶頭來做好，並為後來者舖路，況且嘗試新工作也能增加見識。

職業教育培訓人才，是幫助國家向前邁進的動力，憑著多年來從事烹飪教育工作，參與飲食行業經驗，願在此道中略盡棉薄之力。除了為職訓局擔任評審工作，這些年裡，我也前後擔任過許多場國際、國內的各種烹飪，廚藝大賽的裁判或評審工作。

除了為職訓局擔任評審工作，這些年裡，
我也前後擔任過許多場國際、國內的各種烹飪及廚藝大賽的裁判或評審工作。

美食評審實難為

西方人對於食物的基本觀念與東方人不同，
我總是以色、香、味、形來比較選手的高下，
作為給分的標準……

我第一次應邀出國擔任裁判是一九八一年十月，由星島日報等機構在香港大會堂舉辦的「全港業餘烹飪大賽」，這個工作我連續做了三年。

香港的烹飪比賽，是採同一題目，大家做出一樣主料的菜，也比較容易分得出高下。先初賽再決賽，每年共有二百位選手參加，二十人一組，一天有十組比賽可以進行，跟著接續決賽。

記得有一年試題是「水晶蝦球」，這是一道廣東名菜，正統的做法是將蝦肉用鹼水浸泡若干時間，使之硬身而透明，再炒，那二百個人的菜，裁判須得一一試吃過，二百份吃下來，已是滿嘴鹼味，倒足了胃口。從十組比賽中，每組選出一

人優勝，留下可參加決賽。由大會統一分發材料臨時宣佈菜名，並在二十分鐘內交出成績。我個人認為這種比賽才叫公開、公平。

在台灣我所參加的各種名堂和主題的許多烹飪比賽，多為選手自選菜式，要做什麼悉聽尊便。如此一來，參賽者做的有些是湯羹、有些是炸物或爆炒，五花八門，有些材料本身就比較討巧，所以很難比較出真正的差異優劣，分出高低。

一九九三年三月，我應香港旅遊局之邀擔任「香港中西烹飪大賽」的裁判，其他來自英、美、法、德、加、澳洲、日本等地之裁判，均為餐飲界權威或專欄作家，取得中西決賽權之各大觀光飯店之主廚，每位都儀表不凡、派頭十足。比賽按菜餚分類成頭盤、海鮮、家禽、蔬菜、甜品各組，尤其是大拼盤或燒烤類（所謂的頭盤），絕不忘畫龍點睛的工作。

外國評審常被這些華麗外表所惑，而忽視了菜餚本身應具備的味道、口感。西方人對於食物的基本觀念與東方人不同，我總是以色、香、味、形來比較選手的高下，作為給分的標準，當他們看到冷盤中的素燒鴨，又聽我說是用豆腐皮做的，都一致給了高分，認為黃豆製品是很Healthy（健康）的菜餚，我卻很不以為然的向他們解釋：豆腐製品不過是在市面上常可買到的現成品，家喻戶曉，人人會做不足為奇。奈何洋人視之為新鮮而評價甚高。

時代在進步，中國菜該如何捨棄現存的缺點，
發揚不失傳統風味卻又符合時代需要、衛生可口的佳餚美食，
無疑是餐飲界人士的重要課題。

摒棄門戶之見才能力求公正

由於我的評審態度認真，又見解獨到，一九九五年（隔年舉辦）我又被再度邀請赴港擔任評審。這一年的比賽主題有「復古」的意識。名廚們各採其家鄉菜表演，包括順德、番禺、惠州、大良、潮州，也有四川、北平的菜式，連許多西餐

（上圖）全港業餘烹飪大賽，採同一題目評分，比較具有公平性。

（下圖）香港中西烹飪大賽之國際評審在品評菜餚時，對採分觀點常有歧議，裁判們一番熱烈討論後取得共識。

師傅也採用竹笙、木耳等中國食材，頗有世界大同之感。

該年的白金獎是一隻「酒釀脆皮鴨」。利用傳統的廣式燒烤，成品卻隱隱含著桂花酒的香氣。斬塊後排在一只長方的西式銀托盤上，脫離了一般家禽類頭上尾下傳統的裝盤方式，藏頭藏尾的正方形排法，十分大方整齊，改變了我一向堅持的：中菜應採中式餐盤的頑固觀念。

時代在進步，中國菜該如何捨棄現存的缺點，發揚不失傳統風味卻又符合時代需要、衛生可口的佳餚美食，無疑是餐飲界人士的重要課題。在頒獎典禮上，我被邀請針對本屆的中西大賽，做了「總結講評與指導」的演說，也讓與會人士，分享我多年來受邀擔任評審工作的心得。

商場公司或有名企業團體，也時常舉行促銷商品的比賽，自從做了烹飪教育家後，曾應聘擔任過無數次的裁判，不論是大型小型的規模、國內或國際的大賽，我都希望主辦單位能出固定的題目及一樣的食材，讓參賽者的比賽能達到公平的競技。

一九九三年在中華美食展的比賽中，曾有評審間的派系之爭，有失公允。其中有一位知名台菜餐廳的評審，因為食素，對著選手的菜，只是用眼瞄上幾眼，並未實際品嚐就給分數，焉得公平？一般推廣商品或節目慶典的坊間比賽，公平性

一般推廣商品或節目慶典的坊間比賽，公平性及名次就不那麼重要，
而美食展比賽是為了專業廚師的提升及觀摩，
評審本身應具有實際操作經驗，見多識廣。

及名次就不那麼重要，而美食展比賽是為了專業廚師的提升及觀摩，評審本身應具有實際操作經驗，見多識廣，而且真正是美食家又不具門戶觀念，才足以擔任此一重要任務。

記得有一年台視舉辦母親節烹飪比賽時，楊森將軍也來應邀擔任裁判，當我試吃完畢，與旁邊的評審討論時，他就湊過來偷聽，事後他說：「傅老師，我是用耳朵在評分的噢！」原來他不能碰油膩，每道菜都不試吃，只是靠聽我的評論來給分，好在那次不是什麼正式職業大賽，影響不大。

在歷年擔任過的許多次裁判評審工作中，我最感受評審工作壓力的一次，是在一九六八年六月應國民就業輔導會之聘請，擔任為僑營餐館考選中菜廚師，那時期出國不易，特別讓人嚮往不已，而這是唯一可外出就職之機會，故應考者眾多，而錄取名額僅三名，當時主辦單位一再強調除廚藝之外，人品方面也要審核委員多加注意，蓋因到國外工作者之手藝優良與否的要求度並不是很高，倒是個性溫順，能與資方合作融洽，才是最為重要的條件。

故在這次的考試進行中，我盡量趁機詢問對方日常生活及家庭狀況和交友情形，以便瞭解其素質、品行，當時太年輕，閱人不算多的我，最後還是選擇了那廚藝高超、有應變能力的掌廚人。

我的收藏

女人愛shopping，傅培梅也不例外，她愛買的東西不是珠寶衣鞋，而是跟烹飪工作息息相關的圍裙和瓷盤，她有三百件以上的圍裙和無數的美麗碗盤，成為她的另類嗜好。

Chapter.16

別開生面圍裙展

我把這些寶貝全部整裡起來，分門別類都冠上了名稱，
在一樓空著的房屋內，
開了一次史無前例的「圍裙大展」，共三〇〇多條。

許多觀眾對於我在節目中所穿的圍裙印象深刻且十分喜愛。由於早年常到日本工作，看到百貨公司展售的各種花色齊全、長短不同、名人設計，有滾邊、壓花、拼布、刺繡的多款圍裙，百看不厭，但由於價錢昂貴，只能挑些平價的、打折的買，日久有些日本朋友或學生們知道我的愛好，送禮時就餽贈我圍裙，大多是我想買但不捨得買的，那種較華麗的名牌品，叫我收到時真開心，但在節目上又不捨得穿它，怕不小心弄髒了，因此有些就變成了我的收藏品。

一九七六年，我的烹飪補習班喬遷到永康街新址時，就把這些寶貝全部整裡起

來，分門別類都冠上了名稱，在一樓空著的房屋內，開了一次史無前例的「圍裙大展」，共三〇〇多條。

為了這個展覽，我去租來可站著的、可吊在牆上的人形衣架和特製衣架，很藝術地排擺了一大間，並且張貼著「歡迎仿製」。那時候台灣任何地方都不曾有圍裙出售，主婦們好像都不用，中餐廳的廚師只用深藍布或麵粉袋子加一條繩子綁在腰間湊合。

我想，主婦們如果戴上一條美麗的圍裙，除了可以防止污染衣物，看起來乾淨俐落又能增加生活情趣，更像個能幹的賢妻樣子。日本人在女兒出嫁時，嫁妝中一定會備有幾種圍裙，帶袖子的，歐巴桑穿的那種，在冬天穿，可保護羊毛衣不沾油煙，十分理想。

去年為廚房用的電磁爐拍節目時，大女兒安琪與我，用相同主料各做一道菜，兩人穿著同款式不同顏色的圍裙出現，襯衫則是同一系較深色一點，獲得許多觀眾讚賞，不但母女表情溫馨，合作無間的廚藝搭配，更顯出

培梅的

圍裙世界

名烹飪家傅培梅有收集圍裙的嗜好，二十年來，無論在國內國外，只要上街或是逛百貨公司，她最大的興趣就是買圍裙，再加上她的學生們知道她這個嗜好，遇有特殊點的圍裙，也會拿來敬師，目前她總共收藏近三百條各種式樣精美的圍裙。其中大部分在她主持台視的烹飪教學節目中亮過相。

平時極佳的默契。

由於我的展示和大力推行，如今台灣婦女亦逐漸重視圍裙的價值，坊間出售的花色、形狀也多了起來，令我感到十分欣慰。

（上圖）在遠東百貨公司為「圍裙大展」開幕剪影。
（下圖）在慶祝我的節目二十週年的特別節目中，男明星江明、易原、田文仲、夏威、林在培等人借用我的圍裙上場表演做菜，大家出場前在後台合照。

另類收藏，美不勝收的餐盤

為求食譜的美觀與突出，我所付出的代價可真是無法計算。收集美不勝收的盤子，也成了我的另一種嗜好。

四十年前在台灣想買漂亮圖案、大小適中的碗盤，非常不易。為了教課，也為了拍食譜，我需要各種形色的盤碟。

記得第一次應邀赴港擔任業餘比賽評審時，曾抽空跑去裕華國貨公司瓷器部挑選，那些幾乎都是可做洋人古董的江西景德鎮產品，五顏六色還帶金邊，不必成套買，可單選喜愛的，我並未考慮如何帶返，只是被它的美迷惑到愛不釋手，旁邊走過來一位便衣男子告訴我說：「這些匪貨你不要買，台灣不准進的。」

我當時靈機一動說，我是帶去是日本用。

抵台後兩大箱瓷器就先存台北海關，兩個月後帶去日本，返台時再分批提了回來，當作用過的才順利帶回，真是萬分辛苦。

另外一次去馬尼拉授課，學生熱心帶我去百貨行、廚具行找高級品，進口貨價錢不貲，但有些花色的確特殊，我心裡想著可以利用來盛什麼菜照相，必定出色，就忍痛買下。因怕打碎，上下飛機都提在手上，返家後雙臂酸疼多日，為求食譜的美觀與突出，我所付出的代價可真是無法計算。收集美不勝收的盤子，也成了我的另一種嗜好。

有一段時間，我常跑去位於北投的中華藝品（陶瓷）公司去挑選次貨，幾乎全是白底藍花的仿明清瓷，花色、圖案都很別緻，但稍有些瑕疵卻不影響拍照的盤碗器皿，價格比正常品便宜許多，為了搶到好物，每週出貨（出窯）的日子，我總是一大早便守候在那裏了。

我和我收集的彩色瓷盤。

Chapter.17

美食好朋友

因為熱愛的中華美食，傅培梅認識了幾位堪稱「知己」的好友，
不分性別，不問國別，
因為相知所以相惜，彼此都在心底留下重要位置……

君子之交 Henry Sy

至今我擁有兩位兼具「益者三友」條件的好友，都遠在異國，其中一位是日本人，一位是菲律賓華僑。

「朋友」在每個人的一生中有著很重要的地位。古人曰：「友直、友諒、友多聞」，交了好朋友，相知相惜又相助，會是很大的精神支柱。

每個人自小到大，不論生長在什麼樣的環境，或多或少，都會交到幾個好朋友，求學後出社會，就有機會結識更多的朋友；或男或女，或老或少，或知音或同好，讓你在人生的旅途中不會孤單，寂寞無助。

在我從事烹飪四十多年的歲月中，直接或間接認識了無以計數的朋友，但說到真正屬於知己，維持著二、三十年往來互通音訊，隨時可請益，並在內心佔有分

量的好友倒並不太多，至今我擁有兩位兼具「益者三友」條件的好友，卻都遠在異國，其中一位是日本人，一位是菲律賓華僑。

說起我這位菲國朋友可是大有來頭，用「小氣財神」來形容他，純然是幽他一默的心理，因為他富可敵國，卻十分節省。在菲律賓，有些人也許叫不出現今總統的名字，但是提起Henry Sy這個名字，卻是無人不知無人不曉。

他是福建人，父親早年落籍菲律賓開了一間小的「柑仔店」，幼時的Henry就立志將來一定要開一個又大又好的店，在大學修了兩年商科後，就輟學開創一間鞋店，專從美國人那

菲國SM集團總裁施至誠先生是多年的知己好友。

兒批發鞋子販售，叫做「Shoe mart」。

Henry是一個苦幹自律的人，充滿了各種理想和奮鬥目標，他追求完美的表現，又重視「誠信為人」的宗旨。一九七二年第一家綜合性的百貨公司，開在馬尼拉的高級地區馬卡地，仍舊叫做「Shoe mart」。從那之後衝過層層難關危機，在各大城鎮都開「Shoe mart」，一九八七年，開創了最大的Mega mall（購物大商場）之後，在這段金融風暴期間，他竟又著手一生最後的計畫——亞洲最大的Mall of Asia的創建。

事事用心，挑戰勝利

我在一九六二年認識Henry，第一次應僑委會之邀去菲授課的時候。他經由朋友介紹，來託我為他將要開業的飯店，尋找粵菜廚師，我返台後即為其物色到麥強先生等五位師傅前去任職，餐館業務十分複雜，問題叢生，有時他會請我前去排解，在內外場無法融洽合作下，這皇家大飯店的太子廳只做了三年便休業了。

但我們之間的友情並未因此中斷。有一年除夕，他來台北辦事，第二天春節，我下午正好有空，就陪他去陽明山郊遊，走在路邊看到一個地攤，讓人玩套竹環遊戲，十元十個竹環，可以擲丟到三米外，擺在地上的獎品——小瓷花瓶、小動物等。他看到之後付了十元買了竹環，就開始拋擲。那天風大，竹環一丟出去就被風吹向左方。於是他向左方邁一步，再擲，又被吹偏，再稍向左移，最後在力氣足、風速對，方向準確下，每個竹環都套上物品了，他一個獎品也沒拿，擺擺手，就與我離去，我知道他只是享受那成功的快意，挑戰勝利的自豪。他連這種小事也用心，動腦筋，難怪能成功經營那麼多事業。

現在他的SM集團除了擁有十數間百貨公司、購物中心之外，還有龐大的房地產和銀行、旅遊區、娛樂事業等不勝枚舉。菲律賓人都知道這些購物商場，改變了也富足了他們的生活方式，在Shoe Mart或Mall，家人、朋友們無論男女老少，大家可以一起享受快樂的shopping時光。

有一晚Henry來電話請我到樓下他辦公室去，說有東西送我（當時在馬尼拉擔任他餐廳的顧問，住在他的皇家大飯店），睡眼矇矓的我穿上外套去了，快九點鐘了，而他的秘書李國泰還在加班，Henry從抽屜中拿出一個布的小捲軸，打開來一看，是印著明年月份日子的年曆，是公司訂製的贈品，他又捲回，說：「桑豪哩」（閩南語：送給妳），我表示謝謝就收下了，心裡還以為他有什麼重大的事情要與我商量，原來只為了一個月曆。

又有一天，我在他的Shoe Mart賣鞋部門，想為外子買一雙鞋，他走過來正巧看

他告訴我一個人無論在生活或生意上，
必須要擁有善良的心和讓人信任的人格，而且做人要有夢想、目標，
無論是大是小，好好規劃它，下定決心，努力地達到目標。

見，就囑咐售貨員給我打個九折，他這種有原則、直爽的作風令我欽佩。他知外子嗜好海鮮，每當我旅菲臨返台灣時，他都會命人蒸熟許多螃蟹（紅蟳）、大蝦讓Mrs. Sy（他太太）送來給我。

他告訴我一個人無論在生活或生意上，必須要擁有善良的心和讓人信任的人格，而且做人要有夢想、目標，無論是大是小，好好規劃它，下定決心，努力地達到目標。

在他家飯廳掛著米勒的那幅著名的「晚禱」，夕陽下一對老農夫低頭感恩著，Henry常訓誡他的子女，一粥一飯當思得之不易，也叫子女們從小就參與女傭們縫製童裝的工作，以賺取自己的零用錢（現在他六個子女都做了他事業上的好幫手）。他與我交談用閩南語及英語，每隔一兩個月必定會來電話。

他說：「只是Say Hello，問候妳卡好嘸？」如有媒體訪問或雜誌刊載了他的事情，他會fax或寄來給我看，希望我能分享他的成功。我欣賞這位朋友並不是因為他富有，而是他那溫和穩健的言談，苦幹自律的作風，我們雖互相欣賞，卻不形於色，這款君子之交的友誼，細水長流，才能延續永久。

勤學大亨米濱鉦二

雖然他相貌平庸，但性情可貴，真意難求，
我由衷的珍惜這位異國的異性知己。

民國六十八年，一個偶然的機會裡，我認識了一位堪稱知己的日本友人——米濱鉦二先生，他是擁有二百八十多家（編按：現在規模已擴充到五百多家）連鎖麵店Ring Hut公司的會長（董事長）。

米濱先生第一次訪台是隨九州地區的一個餐飲研習團來到台北，參加了我教做中國菜的課程，全團四十多人在烹飪班上課三天。我起初並未很注意他，不料，下課後他趨前特來詢問有關油條的事。米濱先生說，他的母親曾居住過山東煙台（他與我一樣是煙台出生的），現在雖已年老，卻表示懷念好吃的油條，因此他

想知道做法或買幾根帶回去孝敬母親。我約他翌晨來我家巷口油條店觀察，他如約而來。

九年後的九月底，突然接到他的來信，希望我去福岡評鑑一下他公司的新產品，原來他經營一百五十多家（當時的規模）「長崎烹麵」（如台式什錦湯麵）店，全是直營的連鎖店。此後我成了他那家公司的顧問，每年定期去指導、改進、研究新商品。

米濱先生沒有一般日本男性的大男人主義，反而是一位一切聽從太太，近似懼內型的男人。有一回他來台洽公，一只帶來的大皮箱中，裝著五、六條土司麵包，他說太太上課時烘焙的，很新鮮，叫他拿來送台灣的友人做見面禮。我當時看那些他由皮箱中慎重地取出這些麵包放在我桌上，既感動、又

我與知己友人米濱先生及夫人的合照。

好笑，竟會有這樣厚道的先生?!

他很好學，衣袋裡永遠帶著記小抄用的白紙，每遇到發音不出的漢字或疑問時馬上寫出來與我討論，而我向他請教的事，他也都會竭盡所知引經據典的詳細解答，他每年都會去國外參加短期進修，不斷學習新知識，令我欽佩。

偶爾他也會來參加我與他部下（開發室成員）的研究工作，提出自己的意見，從未以老闆口氣說話，由於他表現對我的尊敬，使開發室的員工對我格外客氣、照顧和聽從，令我工作起來非常愉快。我帶去送他的茶葉、點心，他都送來開發室叫大家一起共享，還說是「先生從台灣捎給大家的土產（禮物）」。

他每月也會將公司出版的月刊寄來，讓我從中瞭解到公司營運情形。公司股票在東京上市之時，他將刊登廣告的日經新聞傳真過來給我，處處顯示出對我的重視，雖然我一年只為他公司工作不到十天。米濱先生仍每年按日本人的習慣，在中元節與歲末寄禮物來，花費昂貴的航空郵資，後來我一再請他停送，因為這份敬意我已心領了。

舊金山大地震的患難之交

一九九四年七月初，他榮獲日本國民最高榮譽的「藍綬褒章」，由天皇親自頒

> 有一回他來台洽公，一只帶來的大皮箱中，
> 裝著五、六條土司麵包，他說太太上課時烘焙的，很新鮮，
> 叫他拿來送台灣的友人做見面禮。

發，一週後（七月十一日）受賞慶祝會在東京大谷飯店舉行，我特地定做一塊銀底金箔字的橫匾帶去為其慶賀，會中他謙稱受此賞是同業全體的功勞，只不過代表大家來領受而已。

一九八七年我和外子到舊金山，他正好也在那兒，還特地到機場迎接我們，並帶我們到金門大橋略做觀光後送往飯店，沒想到才回飯店就碰到大地震。第二天早晨在停電及通訊中斷之下，正感徬徨，米濱先生帶著擴音筒和自動電話來到飯店，在黑暗的大廳中不斷喊著：「傅先生」，找到我們後，即催促著用他的電話快與子女聯絡報平安。

一九八八年五月二十日他投稿「日本經濟新聞」的「交遊抄」專欄，以流利的文筆記述他所認識的我——「台灣的媽媽」（那年中國時報曾舉辦票選受歡迎的媽媽，我當選第二名），許多日本同學看到後都曾為我寄來該剪報。他目前正朝向最終目標努力，要開創五百家分佈全國的Ring Hut連鎖麵店（包括有麵、飯類、菜點等）邁進。

外子的葬禮及我肝癌開刀，他夫婦均專程趕來，雖然他相貌平庸，但性情可貴，真意難求，我由衷的珍惜這位異國的異性知己。

情如姊妹李秀英

知交好友的珍貴，不在她的成就和貧富，
而是那份真心誠意。

欣葉台菜創辦人李秀英女士，與我相識時間不算太長，卻像認識了大半輩子的感覺，我們相知、相惜、相憐、相助，勝過同胞姊妹，我雖痴長她七、八歲，但在一起時都是她在照顧我、關懷我。

秀英女士思維細緻、設想周到，待人又厚道而有禮，她處事圓滑、能力又強。投身於餐飲業超過二十多年，從一間小店，經營到目前有十數間大規模的連鎖餐廳，除了堅持品質、風味出類拔萃之外，更有「待人有情」、「態度用心」的經營理念，使顧客在享受美食之外，更有賓至如歸的快樂。多年來她為台菜的傳承與發揚付出的心力，以及追求台菜「真知味」的努力，都是令人欽佩。

知交好友的珍貴，不在她的成就和貧富，而是那份真心誠意，在我走過大半輩子，於晚年時得此良友，心中充滿了感恩與喜悅，但願友誼常存，在我內心永遠珍藏。

與好友李秀英女士（欣葉台菜董事長）觀賞舞獅表演。

李秀英女士思維細緻、設想周到，待人又厚道而有禮，她處事圓滑、能力又強。
多年來她為台菜的傳承與發揚付出的心力，
以及追求台菜「真知味」的努力，都是令人欽佩。

我的病號

傅培梅的一生因烹飪表演而精彩，現實生活裡不但小難頻頻，大難也有三次之多，都是瀕臨死亡邊緣又被救回生命，精彩程度不遜於她的烹飪事業。

Chapter.18

子宮外孕差點丟了小命

二十五歲正當年輕，生殖力強的我，
就這樣結束了生育子女的能力，
也因此使我日後能在烹飪教學上專注，
奮鬥闖出一片天地。豈不也是命中註定？

如果按照中國民間常說的「大難不死，必有後福」這句話來推算，我此生的福報應該不會太小。

我這一生中，小難頻頻，大難竟也有三次之多，都是瀕臨死亡邊緣再被救回生命的，其中一次「心包膜鈣化症」手術，創了醫學病例之先，還被視作研究對象。

我第一次的手術是為了「子宮外孕」。

這種婦科的毛病，時有耳聞，也就是卵子坐胎於輸卵管中，未進入子宮而長大，繼而造成輸卵管破裂而危及生命，由於當時的我缺乏醫學知識，加上醫師診斷錯誤，被延遲治療而拖到緊急剖腹的驚險狀況。

那年（民國四十四年）我僅二十五歲，在相繼生了兩個女兒的情況下，非常想生個兒子讓程家有後。四月四日動了胎氣，一大早趕去婦幼中心，希望生個寶寶，將來好在兒童節過生日，但到了醫院後原來有的陣痛反而消失，就這樣一連跑了三次醫院，一直都是空歡喜。

結果熬到第二天，才生下巨嬰，終於盼來了兒子。兒子出生不到三個月時，我又懷孕了。可是當時並不知道，只是老感覺肚子疼，腹漲並有流血現象。其實那是胎兒卡在輸卵管中破裂才出血的，我卻以為是月事來，向醫生拿了止痛藥，打了針，多日過去，卻仍然無效。

後來聽從友人建議去看中醫吳海峰，他把了脈說是肚裡有「風」，抓了消腫去風的中藥回來熬煎服下，排了一整天的氣，肚子扁了下去，但是過一星期又來了，突然肚子脹起，伴著劇痛，一直流血不停，馬上再去抓藥煎服，如此反覆三次，一個多月後又發作了。

那是在傍晚快八點時，我已滿頭大汗痛得說不出話來，趴在地板上握著床腳掙扎，住在同一宿舍的李太太見狀直叫：「那濃背法，那濃背法（上海話怎麼

我這一生中，小難頻頻，大難竟也有三次之多，
都是瀕臨死亡邊緣再被救回生命的，其中一次「心包膜鈣化症」手術，
創了醫學病例之先，還被視作研究對象。

辦）！」

此時玄關門響，原本想要去打牌不回來的外子和李家先生返來了，真是奇蹟啊，從我結婚，他下班後出去打牌逾數百次，從未曾約好了的牌搭子臨時有事而打不成的。唯一的這次，就碰上我正在與死神拔河。

昏迷不醒人事的我，馬上被送去最著名的李枝盈婦產科，經過插針測試後，刻不容緩的剖腹，子宮外孕爆裂，因拖延日久而腹腔積血，形成急性腹膜發炎，難怪我經常的疼痛又流血不止。事後我頗覺不可思議，莫非外子有心靈感應，知我「在苦難之中」？

醫生擔心我再度發生相同情形，勸我結紮，外子當時露出不情願的表情，他希望多生幾個兒子，但是在旁陪我的李太太說：「程先生，不能再拿太太的生命開玩笑了。」二十五歲正當年輕，生殖力強的我，就這樣結束了生育子女的能力，也因此使我日後能在烹飪教學上專注，奮鬥闖出一片天地。豈不也是命中註定？

稀世奇病——心包膜鈣化症

話說這病剛開始發作時，只是感到累，
講課時一句話分兩段吐出，上氣不接下氣。
後來早上起床時，眼臉浮腫，到了下午連腿也粗腫起來⋯

我四十七歲時，上電視、開烹飪班又常出國做烹飪親善大使，行程排得滿滿的，我卻住進了醫院動了一個「開心」手術，因為我得了一種舉世罕見的「心包膜鈣化症」，後來據我兒子同學學醫的嚴雲說：「令堂的病例是我們外科手術課必上的範例。」當教授上課時，會給他們看一張異常的X光片，然後告訴他們：「這是國內一位有名人的心臟。」

話說這病剛開始發作時，只是感到累，講課時一句話分兩段吐出，上氣不接下氣。教菜的工作，不同於教師在課堂裡上課，是很耗中氣和體力的。當時的我只

想到，天下沒有不勞而獲的事，一切成果當然要付出代價，還是多忍忍吧！

後來早上起床時，眼臉浮腫，到了下午連腿也粗腫起來，我當是腎臟病，檢查後醫生說腎功能良好，我就放心不再追蹤。

就這樣又拖了半年，上氣不接下氣的情況更加嚴重，樓梯也走不上三階就得停一下，於是住進中心診所做全身檢查。X光片顯示心臟上有粗粗的一條白線，醫生卻找不出病因，就請我出院。外子很生氣怎麼不知病名？我當然也不肯出院，每天腫得這麼嚴重，呼吸也愈來愈困難，快憋死了，一定是那裡不對勁。

根據我X光片中顯映出來的，那條包著心臟的白線之粗度，姜必寧大夫認定我的心包膜已經鈣化得相當嚴重，也就是很久的現象，從我的敘述中，他判斷我曾在早年得過的肺結核，在打過抗生素抑制細菌後，制服了病魔，可是時間久了結核桿菌復甦，而侵入了包著心臟的包膜，愈裹愈緊，年久呼吸短促，形成了鈣化現象，使心臟的跳動緩慢，愈來愈無力了。

這時日本友人介紹我去「東京女子醫大」求醫於遠東心臟外科權威木神原醫師，但是當時限制觀光出境，外子的護照趕辦不出，我呼吸困難的情況愈趨嚴重，此種情況顯示出等不及去日本了，隨時會斷氣。

後來轉到國泰醫院，經院長陳炯明醫師的診查，確定是心包膜鈣化症，需馬上開刀，他建議由外科聖手洪啟仁大夫施刀，但台大沒有病房，只好到國泰醫院去做，又須提早一天先去台大醫院做心導管的手術，這是將右臂彎切開刀口，插入導管直通心臟的必要檢查，事前還要簽具切結書，使我尚未開刀便意識到胸腔手術的可怕。

我的手術與一般心臟手術不同，只是在心臟表面形成的硬膜上刻上無數得十字小刀，再仔細一片片剝摘下來，但胸腔開刀第一步是在胸骨上，從喉下十公分處開始，直線往下開到臍部上方的五公分處止，胸骨也由中間鋸開才能見到心臟，剝除了所有硬而厚的心包膜，心臟才脫離了束縛，恢復原來有力的跳動，由於我是台灣第一個病例，所以成為醫學院教學的範例。

「讀者文摘」上早幾年曾刊登過一篇南非的工人患過類似的疾病，病名叫「狹窄性心包炎」被發炎的心包膜壓縮得心臟幾乎衰竭，又因地處偏僻，救治十分困難，相較之下在醫療發達的台灣，我實在太幸運有福了。

提早一天先去台大醫院做心導管的手術，這是將右臂彎切開刀口，
插入導管直通心臟的必要檢查，事前還要簽具切結書，
使我尚未開刀便意識到胸腔手術的可怕。

與肝癌搏鬥

孔子說：「七十而從心所欲，不踰矩。」
邁向七十的我，開始學習如何愛惜自己，
豁達的為自己而活。

一九九七年五月我因肝癌而動了第三次大手術，再次死裡逃生。

發現肝癌是偶然的，說來要感謝衛生所外勤小姐與女兒安琪和女婿宋大偉。

有一天安琪在我家樓梯口遇到一位大安衛生所的服務員，建議每家六十五歲以上的老人都應去做體檢，於是安琪在回家的路上經過中山醫院，就為我預約掛號。第二天我去檢查照例的各個項目，也做抽血檢查。後來中山醫院來電話說「肝功能很壞」，應再去做更詳細的檢查，於是隔天安琪陪我再去，並做了超音波腹腔檢查，答案是肝上有一個3.7公分大小的腫瘤，第二天報告來了說是良性

的。

但女婿不放心，就介紹我去找肝膽科的權威榮總的雷主任，經過各種儀器精密的檢查後，確定是惡性瘤——肝癌，記得當時我與雷主任的談話，我請問他：

「是不是腫瘤？」

他回答：「是。」

「是不是惡性的？」

他又回答「是。」

「那麼就是癌了？」

他點點頭又說「是。」我很感激他對我說實話毫不隱瞞的態度，真是坦白的可愛。

不可諱言，在得知患了肝癌，需要馬上開刀時，內心非常恐懼、沮喪、憂鬱，經過反覆的掙扎，我不得不面對大難的來臨。

為了怕孩子們難過，我故做鎮靜，又恐怕發生萬一有去無回，便向他們交代一些錢財方面的實情。開刀當天，早上七點剛過，護士來告知要去手術室，三個孩子趕忙來幫著推病床，那一段彎彎曲曲的走廊，顯得十分遙遠。腦海裡百感交集，想想今天這個結果完全是出自本身的疏忽，每年去驗血，出來的報告GOT，

回顧這一生不斷的挑戰，歷經了艱辛，雖然多采多姿卻也處處荊棘，無數的如煙往事，充滿了酸鹹苦辣甜「五味」；萬里行蹤所獲得的，正是屬於我個人的「八珍」世界。

GPT數字均在一百以上，早已顯示肝功能太差，為何未去作追蹤治療而變成了肝硬化，生出癌？我悔恨自己對醫學常識的缺乏，悔恨自己不曾愛惜身體，悔恨只知工作漠視健康。

忽然一隻熱燙的小手在替我擦拭淚水，我知道這是前天才從佛州趕回來的小女兒，最乖又善解人意的美琪，我對自己說，我可不能死，不能讓孩子們剛失去父親又再沒有了母親，我不能被癌擊倒，我得堅強的活下去！

八點未到，按指示我已躺在冰涼的手術檯上，仰望著屋頂的大照明燈（手術燈），我又思緒紛亂難過起來，護士小姐看我流淚，安慰我說：「等一下妳什麼也不會知道的，不用怕啊！」果然陳主任進來，叫我側臥以方便打麻醉針到椎脊骨裡，左脊一針打下，又一針打在右脊，我咬緊牙關忍耐那椎心的痛楚，然後鼻子又被扣了一個麻醉罩杯，不到一分鐘我就失去了知覺，以後的事全然不知了。

當我悠悠然的醒來，睜開眼睛，模糊的看見人影圍在床前，而窗外早已漆黑一片。被五六根管子束縛得手腳全不能活動。這些管子有的是排洩用的，有的是補充養分，注入藥物的。當我試著說話時才發現，喉嚨壞了，發不出任何聲音，啞巴了。馬上找來住院醫師，他說開刀的時間太長，插的喉管傷了聲帶，慢慢就會恢復。但是一直到出院回家後第四十天，才能再發出聲音，那一天我高興得就像中了大獎一般。

住院期間，口乾腹脹，傷口又疼，混身不適，尤其吞服藥物時，藥片一定會卡住在喉嚨間，難受異常，但每當雷主任來巡視問我「好不好？」時，我都忍著說：「好！」我心裡是這麼想的：剛動過手術，不適是理所當然，病與痛本來就是相連著的，讓醫生心安才是好病人。

雷主任也用他那廣東口音連連回答我：「好，好就好。」望著他紅潤健康的臉和關懷的眼神，我感激他精湛的醫術及誠實的醫德，這不但是榮總之幸，也是患者之福啊。

許多朋友曾憐惜的勸告過我，不要工作得那麼累，母親在世時，也說過：「妳這麼糟蹋身體，以後病都會找來的。」得病後，我原也以為自己過去這些年太勞累了，教課的日子，常常一大早帶個大籃子去買菜，提幾十斤的東西，擠上公車趕時間回來，焦慮又辛苦的授課，始終是在透支體力的狀態下，做著辛勞工作。

可是後來醫生告知，C型肝炎應該是以前輸血感染而來的，肝硬化也在經過許多年之後，才生了腫瘤。我第一次開大刀時，輸過四千cc的血都不曾篩檢過，而醫學界直到了一九九四年才知道什麼是C型肝炎，我只有自嘆運氣不佳了。

開刀時，大哥與三個孩子等在開刀房外，耐心而焦急的坐立不安。後來疼我

不可諱言，在得知患了肝癌，需要馬上開刀時，
內心非常恐懼、沮喪、憂鬱，經過反覆的掙扎，
我不得不面對大難的來臨。

的大哥，每天都自永康街搭公車到榮總來看我。有一天帶了平日我愛吃的上海生煎包子，我當時胃口不好，聞到油味便噁心，還趕他回去，看到他心疼不忍的眼神，心中著實後悔。我這老實的大哥疼了我一輩子，卻不善表達。記得我子宮外孕開刀的那次，也是他守在床邊，拿著棉花棒沾溼了給我潤唇，關懷之情溢於言表。

結婚前寄住大哥家，他為了要讓我這個妹妹能漂亮點，還四處求秘方，想為我除去雀斑。對於他的照顧和關愛之感激，我只有盡在不言中了。

孔子謂：「七十而從心所欲，不踰矩。」邁向七十的我，開始學習如何愛惜自己，豁達的為自己而活，現在終於不必白天為工作辛苦，晚上又得傷腦筋去想做什麼菜來討好老公，也無需為家中大小事來記掛與煩惱，天天心胸開闊，充滿快樂與幸福感。

回顧這一生不斷的挑戰，歷經了艱辛，雖然多采多姿卻也處處荊棘，無數的如煙往事，充滿了酸鹹苦辣甜「五味」；萬里行蹤所獲得的，正是屬於我個人的「八珍」世界。

（編按：傅培梅女士的肝癌在五年後再度復發，又動了第二次手術。二〇〇四年春天，肝癌三度復發，醫生研判不適宜再動手術，改以化療做為治療手段，當年八月底，傅培梅在住家昏厥，被送往榮總，最後於二○○四年九月十六日中午十一點，一代烹飪教育家逝於榮民總醫院。）

我心裡是這麼想的：
剛動過手術，不適是理所當然，
病與痛本來就是相連著的，讓醫生心安才是好病人。

大師經典食譜

鍋㷟豆腐

身為料理大師，傅培梅自己愛吃的東西倒很簡單，一方素白寡味的豆腐而已。傅培梅說，中國各式烹調技法，豆腐都能適用，無論擔任主角或當配料，也都恰如其分，不卑不亢，有容乃大，正如做人的態度。

材料

豆腐（2"×2"） 4塊
豬絞肉 120公克
麵粉 1／2杯
蛋 2個
薑絲 1／2大匙
蔥絲 2大匙

拌肉料

鹽 1／3茶匙
酒 1茶匙
太白粉 1茶匙

調味料

清湯 1／2杯
淡色醬油 2大匙
鹽 1／2茶匙

做法

1 將絞肉加入兩茶匙水在菜板上加以剁爛後，放進碗內，再放鹽、酒、太白粉用力攪拌成為泥狀。

2 選購較硬的豆腐，將每塊先切為兩半後，再橫面片成三片（大約1／4寸厚）。在每片上撒下少許麵粉，再將肉泥各一茶匙鋪在十二片的豆腐上，而用另一片豆腐蓋在肉泥上，做成夾心狀（可做十二個）。

3 每個豆腐外面都沾滿麵粉，再在蛋中沾一下，依次排入鍋中（鍋中熱油三大匙）。

4 豆腐全部放好後，用小火煎黃兩面，撒下薑絲，再加入清湯，並用鹽及醬油調味後用小火燜煮三分鐘至汁吸乾，淋上一湯匙熱油，撒下蔥絲便可上桌。

大師的經驗

豆腐味淡、質軟，最好能配上鮮美副料，或採辛辣偏鹹的調味襯其鮮、提其味。鍋㷟豆腐先煎後烹燒使之入味的手法，屬於北方菜中慣用之手法。看似平凡簡單的鍋㷟豆腐，製做時手工要特別細緻纖柔，切成長方片的兩片豆腐內，夾了絞肉餡成豆腐夾，整塊沾了麵粉拖蛋汁去油煎，熱油內充滿了蛋香，兩面煎得金黃焦香的豆腐，再加調味料煮得軟嫩，味道醇厚濃郁，拿來展演絕不失色。

附錄❶

我的母親傅培梅

程安琪

媽媽一直不希望我走上教烹飪這一行，她說她吃過的苦，不要我再嘗，油煙下講課，薰黃了眼睛，也傷了嗓子，刀傷油燙的手更是戴不了珠寶。但我一直很慶幸，因為同樣的工作，使我比一般女兒更有機會親近母親。早年她帶我一起出國教學、當助手，後來一同策劃編寫食譜出書，近年又一起做電視節目研究新菜，讓年近五十的我還有機會賴在媽媽身邊享受母愛，同時也隨時吸收她的經驗，亦師亦母的感情不是每一個人都能擁有的。

我們姐弟三人的童年是非常快樂的，其中許多回憶是媽媽用照片替我們留下來的。媽媽喜歡照相。所以我們從小就有許多照片，這在五十年代是非常罕見的。她在我們上初中時，每人交給我們一本貼有自己小時候的照相簿，裡面有我一歲出水痘時抱著一個橘子在笑；有我三歲時穿著她親手織的毛衣，上面還繡有我的英文名字；另外更有她帶我們在植物園、新公園、動物園野餐的照片。

我最早的生活記憶大概在五、六歲，我們三人最喜歡媽媽坐在地板上，鋪開她

的大圍裙，我們搶著坐在她的裙子玩、唱歌、聽她講故事，媽媽很喜歡唱歌，記得她有一本自己聽收音機抄下來的歌本，她也教我唱許多老歌。年輕時的媽媽是在家一心一意照顧我們，教我們做功課的全職家庭主婦。

一直以為媽媽是因為興趣才開始教菜，後來有一次她才透露其實是為了想賺錢貼補家用，爸爸雖然服務於輪船公司，待遇不錯，但我們姐弟從再興幼稚園開始，就一路唸的是私立學校，尤其中學六年，聖心、衛理、再興三個住校的孩子，負擔是很重的，媽媽教菜、出書，的確對家庭貢獻很大，但我佩服媽媽的就是她為了顧全爸爸的自尊，從不把她賺錢的事掛在嘴邊，永遠以爸爸為重。當她接到邀請要離家講課教菜或做評審，一定徵詢爸爸的意見，她有傳統女性對家對丈夫的奉獻的美德。

媽媽常說早婚的好處是孩子大了，自己還年輕，可以開創自己的事業。在我們都住校，爺爺奶奶仍很健康的時候，媽媽開始她忙碌的教學生活，但我們不太覺得，因為她星期天都盡量留出來陪我們，只知道她從家裡院子搬去頂好大樓開班，又換到和平東路，再又擴大到永康街，盼望她出國回來帶給我們漂亮的衣服和小玩意。好像很容易媽媽就有名了。

直到我大學畢業後二年，她因心臟開刀，而烹飪班的另一位老師又趁機自立門戶，我放棄演戲，經過惡補，開始教菜，並替她打理班務，才在她辦公室看到她幾個書櫃、抽屜裡都是做菜的筆記、論文，有不同師父的菜單，有吃到新菜後研究的心得，有外國食譜，尤其日本的書特別多，其中夾著各種紙條做著重點、記號，這才是她成功的真正原因，媽媽的好學及研究精神，套句爸爸說的，是我們三個孩子加起來也趕不上的。

這種研究精神在這次媽媽肝腫瘤開刀後，又得到證明。媽媽在開刀回家後，叫妹妹買了一本人體立體圖，找了肝臟究竟長在什麼位置，之後陸續的買書、聽演講，知道為什麼會生病及往後如何在飲食、起居上照顧自己。這場病後，媽媽放下許多以前放不下的工作，我想在這次幸運地與死神擦身而過之後，她才真正知道了要為自己而生活。

附錄❷

媽媽，我愛您

程美琪

對於母親，除了愛以外，更有著無限的感恩和欽佩。

生於動蕩時代的她，年少離家遠走他鄉，雖然受過辛酸艱苦，卻能隨遇而安，努力不懈的求知、奮鬥，成為烹飪教育家。

她總是把家庭放在第一位，有著傳統中國女性的美德，雖然事業成功，卻一點不驕傲，對父親總是百依百順，每次出國回來，大箱小箱的給父親帶好吃的水果、海鮮、衣服，買的東西都是給我們的多，自己的少。一九六三年，她費盡心思把爺爺奶奶及外婆從大陸接來奉養，每日晨昏定省，照顧得無微不至。

母親個性開朗，小時候每逢假日都帶我們小孩去旅行，而且備了豐盛的野餐，陽明山、金山、福隆、碧潭、日月潭、橫貫公路都有過我們的足跡，留下了難忘的回憶。有一年雙十節，媽媽帶著我們越過警察封鎖的圍繩，拚命的跑到總統府前，挑了最好的位置，觀賞了一次最壯觀的閱兵大典，現在我也常帶著自己孩子出門旅遊，教他們唱「小小羊兒要回家」「高山青」，憶起小時母親教我唱歌的美好時光。

母親從不打罵我們，採取愛的教育，她很重感情，卻又很理智。小時候總認為媽媽忙她的事業不關心我，所以和父親比較親近。母親認為生活教育很重要，堅持我初中就必須住校（讀衛理女中），每週六回家，星期天中午就得返校，校規很嚴，內務要求也多，三次不合格，就要記警告。如被發現帶零食返校，還要被記過。所以每次我都是哭哭啼啼的不願返校。現在我才明白母親的苦心，要不是當年的磨練，我也無法養成獨立自主，會做家事，加上同學們朝暮相處培養了深厚的感情。

我婚後旅居美國，母親常來信提醒我要孝順婆婆，夫妻相處要相互體諒關懷。有時外子惹我生氣，本想大吵，皆會想到母親的話而化干戈為玉帛。由於我住在小鎮，沒有中國城，母親常為我寄些乾貨、並為我訂些中文雜誌，以解鄉愁。不論她身在何處，每年生日總會記得打一通電話祝我生日快樂，母親的愛讓我常會感動得想哭，她就這樣永遠默默的對子女關懷付出。

前年母親生病開刀，有一天囑咐我到她鎖著的抽屜裡找東西。尋找中我無意的翻到一封退了色的信，原來是我小學時母親去日本進修，我寫給她的第一封信，我從小就內向不擅表達，而在那封信中寫了我對她的思念及愛，所以她很珍惜，一直保存至今近四十年。淚水不禁滑落。

媽媽，我愛您，我好愛您。

附錄 ❸

母親，我心目中的「成功者」！

程顯灝

在說服媽媽寫自傳的過程中，她總是覺得自己沒有什麼值得寫的，但在我心目中，她有著太多成功者所擁有的特質，如果不拿出來和大家分享，那將是社會資源的損失，我相信看完此書後，您一定也會同意我的想法；她在餐飲文化界的成就，無人能及。

一般人所熟知的傅培梅，大多是「那個在電視上教人做菜的人」，當然，那是拜在台視連續四十多年主持烹飪節目所賜，想要別人不聽到她的名字都難，然而我認為媽媽真正令人佩服的成就，就在於她曾藉由廚藝表演替國家做了許多國民外交；更經由她的好學，她從教人做菜的老師跨入了食品研究的領域，並且以她的研究心得，成為多家外國餐廳、外國知名食品公司，台灣知名食品業的顧問；在這些背後，她更有著成功的家庭事業。

媽媽最讓我佩服是她的工作精神，記得多年前我們拍攝「烹飪入門」的錄影

帶時，為了節省成本，只租了三天攝影棚，早上七點多就得起床，先去美容院化妝，九點多進棚，從每一段（三—五分鐘）示範前的準備、彩排到錄製，她都要參與討論並親自示範，每天錄到凌晨一、兩點，回去睡四、五鐘頭，第二天七點多起床又接著錄；三天下來，大夥在旁邊幫忙的都累垮了，只有她硬是撐到最後一個鏡頭拍完，那時已是第四天早上三點多了。

媽媽的節儉也是令我汗顏的，當我們仍住在汐止迎旭山莊的那段日子裡，媽媽每天早上搭我的便車下山，到台北永康街上班，到下午為了早點回家陪爸爸，不等坐我的車就要先回去，自己卻因捨不得坐計程車（大概要兩百多塊），就從永康街坐公共汽車回汐止（有時在中途還要下車買個爸爸喜歡吃的東西，再繼續坐公車回家），走走停停總是晃一個多小時才能到家，每次我要她坐計程車，她都說花錢心疼。

已經不記得從多久開始，媽媽每次一個人出國，都坐車到松山機場，再坐巴士到桃園機場，我有時要送她，她都堅持不肯，她的理由是怕我回程一個人開車打瞌睡，危險。哎，媽媽就是這樣的掛心子女。

在此，獻上我對她永遠的感恩與愛。

附錄 ❹

一件絢麗的金縷衣

林慧懿

去年冬末，婆婆旅美返台，利用轉機時間，約我在洛杉磯國際機場，長談五個小時，提起她想寫自傳，委我執筆整理的念頭，令我感到意外惶恐而興奮。由於我移民加州而婆婆定居台灣，兩地遙隔，不能天天通越洋電話，於是建議她先將自幼迄今所發生的大大小小點點滴滴，零零星星的閃亮小故事，想到就寫下來。結果在春節後返台時她交給我一大包百餘張小紙片，五顏六色，有的一大段，有的一小句，斷簡零篇，讓我據之規劃大綱，抽絲剝繭，像拼圖遊戲，經過一番苦心和共同對照，仔細串連，居然編出一件絢麗的金縷衣，婆婆一生亮麗成就，耀眼才華、辛勤努力，以至走遍四方、桃李滿天下，全都躍然紙上。

跟隨婆婆二十多年的助手張淑雲曾說她是「刀子嘴、豆腐心」，沒錯，她就是這樣一個直來直往又求好心切的人。她有一般旁人所不能及的決心和幹勁，想到什麼就要立即執行。這種工作狂熱，也表現在對子女或孫子女的關懷裡。有一回小女詩蘭想要一條白色毛絨質感的長圍巾，她為了滿足小孫女的心願，到處選購

遍尋不著下，她突發奇想，把從日本買的一床白色薄毯裁下一長條，漏夜趕縫出來，兩邊還加縫上了流蘇，為了達到目的，她往往是不計成本，再多辛苦也在所不惜。

她很積極熱心又用功進取，床頭櫃上擺滿了書籍。一有問題也樂於不恥下問。辦起事來她敬業又嚴謹，務求完美無缺。她聰明又有急智，舉一反三之外，遇事臨時出了狀況，總能及時想出辦法解決。對人對事守時又重承諾，只要是答應的事，一定做到。

雖然她在螢光幕上保持著端莊的慈母形象，私底下的她是很幽默又活潑，有的時候甚至十分浪漫，常提議利用假日全家一同出遊，說要為孩子留下美好的回憶，帶我們去日本熱海時，還要我們夜晚開著窗戶，可伴著海浪聲入睡。

我與婆婆都是坦率熱情的B型，所以很好溝通，追求完美講究效率的態度讓我們一同工作時有相乘的效果。婆婆孝順公婆，尤其服侍丈夫的無微不至，對我的影響是身教重於言教。許多私密性的話題，她寶貴的經驗，她也坦白的告訴我。她用一生寫下了渾然天成的圖樣，我卻多麼幸運的，把金縷衣替她編成，「讀」了她的一生，令我的終生受益不盡。

傅培梅的經典美味

培梅食譜第一冊（精裝）

作者｜傅培梅　定價｜ 500 元

這本培梅食譜，是台灣最早的一本彩色且中英對照食譜。書中菜色皆重新挑選，並研究符合現代的調味與食材，再經拍攝而成，沒趕上舊版的讀者，別再錯過。

培梅食譜第二冊（精裝）

作者｜傅培梅　定價｜ 450 元

本書食譜為中英對照，依主要材料分為雞、鴨、牛、豬、魚、蝦與海鮮、豆腐與蛋、蔬菜、湯品、麵食與甜點共 11 大類，收錄 110 道經典中華料理，呈現歷久彌新的經典美味。

培梅食譜第三冊（精裝）

作者｜傅培梅　定價｜ 500 元

本書依地區共分為江浙、廣東、四川、北平、湖南、福建，還有台灣、素食酒席菜和自助餐菜式共 9 大類，115 道精緻宴客菜餚，食譜為中英對照，是您不可錯過的中華料理大全。

傅培梅時間的美味中國菜（精裝）

作者｜傅培梅　定價｜ 650 元

本書集結傅培梅老師750道菜、90種食材，包含蔬菜、肉類、海鮮、菇類、豆製品、蛋類等，並依材料分類所編制的食譜，其中150道菜由傅老師的女兒程安琪重新示範。